回首來時路

台灣麻醉之父

王 學 仕 著
王 勵 群 編輯

傳 記 叢 刊

文史哲出版社印行

國家圖書館出版品預行編目資料

回首來時路：台灣麻醉之父 / 王學仕著,
王勵群編輯. -- 初版 -- 臺北市：
文史哲, 民 107.11
　頁；　公分（傳記叢刊；21）
ISBN 978-986-314-443-4（平裝）

1.王學仕 2.自傳

783.3886　　　　　　　　　　107019105

傳 記 叢 刊　21

回 首 來 時 路
台 灣 麻 醉 之 父

著　　　者：王　　　　學　　　　仕
編 輯 者：王　　　　勵　　　　群
出 版 者：文　史　哲　出　版　社
　　　　　http://www.lapen.com.tw
　　　　　e-mail：lapen@ms74.hinet.net
登記證字號：行政院新聞局版臺業字五三三七號
發 行 人：彭　　　　正　　　　雄
發 行 所：文　史　哲　出　版　社
印 刷 者：文　史　哲　出　版　社
　　　　　臺北市羅斯福路一段七十二巷四號
　　　　　郵政劃撥帳號：一六一八〇一七五
　　　　　電話886-2-23511028 · 傳真886-2-23965656

定價新臺幣三四〇元

二〇一八年（民 107）十一月初版

前　言

　　家父王學仕醫師於民國 107 年 6 月 14 日深夜過世，享壽九十八歲。雖是高壽，但他最後幾年得了失智症，又為各種疾病所苦，每天都在叫痛。因此，我覺得他現在算是得到了解脫，平安快樂的住在天堂裡再也不會痛了。

　　除了最後幾年，家父的一生其實活得有聲有色，多采多姿，而且對國家社會貢獻良多。記得小學的作文課，老師總愛出些「我最敬佩的人」之類的題目給我們作，每次我都得絞盡腦汁，找個世界偉人充作偶像寫來交差。直到很久以後，我才發現自己最敬佩的人，既不是孫中山也不是華盛頓，而是隨時出沒在身邊的老爸。我會這麼說，並不只因為他是我父親，而是──他真的很偉大。

　　家父在民國 84 年退休後，寫了一本名為《回首來時路》的回憶錄，記錄他一生的經歷。這本書他於民國 85 年 8 月自費出版，只印了少少的幾十本分贈親友，

看過的人並不多，但實在精彩。家父曾在中研院近代史出版的《台北榮民總醫院半世紀——口述歷史回顧》中，對訪問者提到過這本書，但他也說「這本小書錯字不少，出版商沒校出，我都不好意思送人。」

　　好在他將這本書的文字檔留給了我。因此，在他過世之後，為了聊表追思之意，我把遺稿仔細校對訂正了一遍。同時並將他歷年來發表在中華民國麻醉學會所出版的刊物及雜誌中的文章，以及《台北榮民總醫院半世紀——口述歷史回顧》的訪問記錄作了彙整，加諸原稿之中，使內容更臻完整。此外，在若干篇章的最後，也附錄了我個人的回憶，作為一點補充與印證。

王勵群編輯校正 2018.08

自　序

　　「天地悠悠，過客匆匆，潮起又潮落」，這是一連續劇中插曲歌詞，短短三句，很簡單的道盡了人生中的悲歡離合，宦海沈浮及滾滾紅塵中的人間百態。

　　我出生於民國 9 年 8 月（一九二〇）。像我這樣年歲的人，差不多都在苦難歲月中掙扎過，每人可能都有幾段顛沛流離中悲歡交集終身難忘的故事。曾多次想提筆記下來做個見証，這種第一手資料，應屬珍貴。但風燭之年，記憶頓減，驚覺時光飛逝，歲月不居，來日無多，若不立即提筆，將是終身遺憾。

家母曾言，我不幸生於民國九年那個大荒年，鄉民都過著喫草根樹皮的日子，童年又遇上軍閥割據南北混戰在忍飢挨餓中渡過。兩次直奉戰爭，兩次國民黨北伐，國家仍在兵疲馬乏之際，接著就是八年神聖抗戰。本來應該是讀書的黃金歲月，而我卻在抗戰烽火中顛沛流離，孑然一身。孤苦無助混跡在浩如瀚海的難民潮中，過著不知今宿何處，明食何方的日子。如今滿

頭白髮，一臉皺紋，刻劃著當年滄桑歲月的痕跡。

在流浪的年青歲月中，為著維持生命可以活下去的目的，避免飢寒交迫之苦，若能搶到一碗飯喫，絕不放棄任何可以飽喫一頓的機會。在民間曾演過街頭劇的龍套，跟著一群流亡學生唱著「我的家在東北松花江上」；亦跟著民眾狂喊，讓那老漢「放下你的鞭子」；在湖北山城的均縣，當過中心小學的教員，曾和那批天真無邪的孩子們，渡過了一段溫馨的時光；在軍中做過無照的軍醫官，抬過擔架、塗過紅藥水，亦算是多彩多姿。

當然在坎坷的旅途中，逆境仍多於順境。亦曾飽受歧視、排擠，毫無証據的毀謗、無理由的侮辱等不快的遭遇。但我永遠深信，人間有愛，社會有公理。有人說人生要有憧憬，沒有夢想，靈魂必將萎縮，「假若沒有希望，人生就太短了」。抱著夢想，深信天無絕人之路，天生吾材必有用，自助定會有天助的信念，向前挺胸邁進。

我亦多次失敗過，但亦會立即站起來，重新出發。誰又沒有失敗過呢？隨著歲月累積，對人生的看法，逐漸改變，過去的一切苦難，都早已隨風低空掠過。現在的內心曠達安逸，坦坦蕩蕩。目前黃昏雖近，但

夕陽仍美，晚霞滿天，倦鳥回巢，保持感恩的心，繼續既充實又瀟灑的走向人生終站，屆時揮一揮手，不帶去一片雲彩。

記得有位學者說：人一生下來，就帶有一本書，你此生書頁已定，但每頁都是空白，待你去填寫。你大可不必遵循別人生活綱領，年幼時你父母及社會為你寫頭幾章，可能不盡如你意，但沒有人逼你按照他們開卷時的構想去寫你的一生。其實我們每天都在寫自己的人生，結果是成功，或是失敗，完全在你自己。

我現在是將我這本書的空白填起來，一生酸甜苦辣，只有嚐過的人才知道。才能真實的寫出來。最後我永遠覺得我是十分幸運的人，耄齡之年，上天仍然賜給我這樣頑健的體魄，應該感恩，感謝上蒼，感謝命運，花開花落，我一樣會珍惜。

王學仕 於台北敦化寓所
1996 年 4 月 19 日

回 首 來 時 路

目　　次

童 年 往 事

—— 父 親 的 逝 世

> 白髮無情侵老境，
> 青燈有味似兒時。　（宋‧陸游）

　　因為時代的不同，孩子們亦有不同的童年。現代孩子們的童年，多半是充滿溫馨快樂的回憶，有父母專心的呵護，像溫室中花朵，象牙塔中的幸運兒。但在七八十年前大陸內地，大多數兒童的童年過得並不快樂且多辛酸。那時正是軍閥割劇，盜匪四起，加以水旱頻傳，哀鴻遍野民不聊生的時代。

　　多次想將不幸的童年故事寫下來，讓現在所謂「新新兒童」看看他們是如何幸運。多次提筆亦再三擱筆，總是沒有那股堅決寫下去的毅力。最近讀完林海音女士的《城南舊事》及琦君女士的《清燈有味似兒時》後，又激起我提筆的勇氣。正好歸人先生贈送了一本近著《鍾情與摯愛》，其中在〈冰心會見記〉中，提到

冰心對寫作的看法：「為寫作而寫作，便不真了，不自然了，要心裡有必須發洩的情感，再動筆吧」。真是至理名言，從幼年讀她的《寄小讀者》開始，我就喜歡她的作品。現在耄耋之年，言論仍然如此精湛，不愧為名家。

心裡有必須發洩的情感，才真是寫作的原動力。人到老來，便易失眠，在多少失眠的夜裡，一幕接一幕的陳年往事，將我拉回時光隧道，使睡眠更加困難。不如將它寫下來，稍有勞累之後，可能較易進入夢鄉，得一個甜睡。

我出生的民國九年，正是華北農村水災旱災蝗蟲災連續發生，盜匪四起，軍閥混戰的大荒年。六歲喪父，寡母一人撫養我們這年幼的一群。我家既不富有，更無顯赫家世，父兄均為升斗小民，雖世代經商，但處在亂世，所得亦僅可糊一家之口而已。母親為父親續絃，前面母親有三個姊姊。我記事時，三個姊姊均已出嫁，我自己有兩個姊姊，一個哥哥及一個妹妹。父親死時，哥哥才十五歲，家母茹苦含辛經年，艱辛可想而知。

父親生病時的景像，如今仍歷歷在目。他老人家全身水腫，我和妹妹常偷偷的跑到他的床邊，用小手

按他的腳背上的皮膚，一按就可以看到一個深深的凹痕，歷久不消。那時（民國十五年）全湯陰縣尚沒有一個西醫，亦沒有所謂醫院。請遍當地有名的中醫師，喫了很多中藥，但病絲毫不見起色，反而愈來愈重，漸漸病入膏肓。

現在想起來，家父身體素來健壯，且年紀剛過六十，這水腫極可能因老年人攝護腺肥大症，致壓迫尿道，阻塞小便，而致全身水腫，最後由尿中毒而死。當然不排除其他原因。當病人進入昏迷後，全家緊張萬分，病急亂投醫，請來各樣江湖神棍，和尚道士，裝神弄鬼，設壇驅邪，弄得雞犬不寧，全家大亂，浪費很多金錢，與病無補，十分可悲。

家父死後，麻煩更大。前母娘家的舅舅及不三不四的親戚們，窮凶惡極，張牙舞爪，對父親所用的棺木、壽衣等物，百般挑剔。家母一個人面對這批惡親戚，只有哭的份，只能任由他們擺佈，無法作主。喪事辦了好幾天，席開流水席（就是繼續上菜，隨來隨喫，喫到沒有人喫為止），多半喫到深夜，才能停止。大門口擺了很多紙人紙馬，「熱鬧」了好幾天，才算入土為安。

喪事一過，債主上門。要債的人，認錢不認人，

十分現實，連三姊夫亦和債主一齊逼債，坐在家裡不走。結果家母決定賣了三十畝地，才算將債還清。所以我從小就看到現實社會另一面的人情和世態，後來讀到曾國藩先生的格言「春冰薄，人情更薄，黃蓮苦，貧窮更苦」，才體會到這兩句話的真正含義。

我生不逢辰，民國初年，正是民清兩代政局交替之際，軍閥橫行，土匪掠奪，官為刀俎，民為魚肉。大軍閥霸佔省，小土匪霸佔縣。

聽長輩言當時軍閥的名字，計有奉軍頭子張作霖，號稱張大帥，佔東三省地方。因東三省包括吉林、奉天、黑龍江三省，奉軍之名大概因奉天而得之，又稱東北軍。吳佩孚，是直軍的首領，佔華北各省，直軍之名因河北省原稱直隸而來。張宗昌佔山東，亦號稱張大帥。閻錫山佔山西省。馮玉祥人稱倒戈將軍，隨時可倒戈，游走各地，沒有固定地盤。據說老馮的軍隊紀律最優，可真難能可貴。一般來說，軍隊都是一盤散沙，毫無軍紀可言。老百姓視軍隊如虎狼，但毫無反抗之力，徒喚奈何！

民國 13 年（1924)，直奉戰爭第二次開打。我的縣城，是華北的一個三等小縣湯陰縣，縣雖小，可小有點名氣，因是宋岳忠武王岳飛將軍的故里，又是平

漢鐵路必經之縣。直軍打過去，奉軍打過來，沿鐵路附近的村落，老百姓必定會受到極大的騷擾。

每當軍隊過境，俗稱過兵，就像蝗蟲過境，連喫帶拿。尤其是奉軍，姦淫擄掠，兵匪不分，十分可怖。他們第一要錢（銀元），第二要人（女人），第三要大煙土（鴉片煙）。奉軍的長官及士兵，多半帶有兩枝槍，一枝是快槍（洋槍），一枝是大煙槍，當大煙吸足後，開始要女人，窮凶惡極。所以一聽奉軍過境，多十室九空，沒有人敢在家停留，我想這就是奉軍打敗仗的主要原因。

民國十四年，國父中山先生逝世，國民黨決定第一次北伐。希望掃除軍閥割據，佔地為王的惡勢力，更望全國統一興國安民。革命軍稱為南軍，軍閥的兵，一律稱為北軍。南軍紀律嚴明，十分規矩，軍隊不住民房，多駐廟宇或學校。臨走時每家拜訪，並送印刷精美的三民主義一本，封面為一美麗的青天白日滿地紅的國旗，告訴民眾，南軍來時，將此書放在門口，他們絕不會擾民。那時革命軍的政工做得很好，老百姓十分歡迎他們，可惜第一次北閥並未成功。

民國十七年，革命軍第二次北伐，沿平漢鐵路北進。北軍阻力甚大，進行緩慢，北軍邊戰邊退，鐵路

沿線之村落，因北軍過兵而再遭劫難。官兵視百姓如草芥，如螻蟻，民眾惶惶終日，到處逃難如喪家之犬，隨時都有生命危險。民初的軍閥，自命為皇帝，他說的話就是命令，就是法律，有點像現在的流行語「只要我喜歡，什麼都可以」。他們穿的軍裝，百姓稱為「老虎皮」，一披上它，人就可變成假老虎，可以無惡不作，為所欲為。

由於官府及軍閥雙重殘酷斂索，百姓變成赤貧，哀鴻遍野，如白居易詩中所說「幼者形不蔽，老者體無溫」。高官及軍閥公館中「繒帛如山積，絲絮似雲屯」，個個家財萬貫，富甲一方。悲哉吾民，夫復何言。

我家任庄，離鐵路線僅十多里之遙。南軍北軍運兵，雖有火車，但大部份步兵，仍多步行。每次過兵，離鐵路愈近者，受害愈大。我家的大門，早已用磚砌死，下面右角留一小洞，可供家人爬進爬出。整個門的外面，用高粱桿及雜草堆起。外邊看起來，不像住家，以免軍隊侵入騷擾搜括。大宅大院，為匪兵之最愛。一但進入，房內的古玩、字畫，任他們搜取，無人敢拒。

除了官兵搶劫之外，還另加捐獻，是當地的政府獻給駐在縣城的首領。大帥如張作霖、吳佩孚、張宗

昌、馮玉祥之流，可以自己印鈔票，強迫人民使用。
當他們打了敗仗，逃之夭夭，鈔票立刻變成廢紙。真
錢真貨，被他們帶走，百姓祇有破產一途，申訴無門，
欲哭無淚。我見過吳佩孚印的河北票，每張兩元，拒
用者死罪。他們將這種鈔票，當軍餉發給士兵。士兵
多在撤退前，到城市內大購物品，百姓明知軍隊要敗
退，但不敢拒收。當他們走後，城內資源亦快淨光了。
可惡之極。

替大兵遛馬的故事

　　記得一天中午，我放學回家，忘記預先看看四週，是否有披老虎皮的，因為肚子餓，想快一點喫飯，就急忙推開草堆，一頭就往洞裡面爬。這天運氣欠佳，當爬了一半時，後腿就被人牢牢的抓著，硬又從洞中拖出來。

　　回頭一看，是一位大兵。我一見之下，嚇得心驚膽怕，全身發抖，不知如何是好，眼淚不由得就流出而不敢大哭。呆了一會，看這位大兵，並不太可怕。不像奉軍，開口就罵，舉手就打。我想他可能是國民黨的南軍，他說的是南方話，但可以聽得懂。

　　大兵說他人馬都很累，叫我牽著馬到那邊空地上溜它幾圈，若有水可給它喝足了好不好。這匹馬很高大，紅色。那個大兵和他的馬都很馴良。這個軍人眼神憂鬱，性格木訥，好像從軍亦是實非得已。軍裝還算整齊，不像北軍帶大煙槍且蠻橫打人。南軍多半是讀書人，看得出來心情並不快樂。

　　他一邊休息，一邊喫著他的乾糧。後來他又閉著眼，但他亦時常睜開眼看他的馬。我繼續遛著馬，看它身上的汗慢慢消失了。大約一頓飯的功夫，那時沒有人有手錶，鄉下人說一頓飯大約一個多小時，他站起來準備動身出發。我將馬交給他，他給了我一個高裝大饅頭。

　　一般北方人的饅頭是扁平圓形，這個饅頭又白又高，形狀大概像鋁罐台灣啤酒大小，但比啤酒罐粗。他還說小弟弟，趕快回去喫飯吧，別耽誤了上學。他很快騎上馬就走了。

　　我拿著遛馬的獎品飛快跑回家。我娘在家可擔心死了，因為鄰居看見我被大兵拉去遛馬，他們將這驚人的消息告訴我娘。當我拿著大白饅頭爬進家時，她真是喜出望外。老娘抱著我又哭又笑，緊緊的抱了好一會，她說她這個兒子命大，並將我的名字改成福成。那個饅頭，也是我一生中喫過最美味的饅頭。

老師任瘋子

在清末民初的年代，華北鄉村的教育仍然以私塾為主。有的老人家不知道已經換了朝代，仍夢想讓兒子讀十年寒窗將來考個秀才舉人什麼的，好光宗耀祖以振家聲。我們任庄村有清朝的兩個秀才，一位姓任，名勉之，但目盲已久，很少對外接觸；第二位亦姓任，名華堂，別號瘋子，就是下面我要講的瘋子老師。

在七十多年以前，村中父老百分之九十是文盲。任秀才的意見、觀點，都比較遠見新穎，可是村民不但不能接受，有時還覺得他舉止怪異。後來有人認為他瘋了，大家就一齊稱他為瘋子。雖然如此，村民對他仍然十分尊敬。因為他識字，而且寫得一手好字，很多地方村民需要他的協助，解決他們不能解決的難題。

當學校放假我在家無所事事閒著無聊時，老娘總是叫我到任秀才家聽他的教誨。家母雖亦是文盲，從來沒有讀過書，但她獨具慧眼，相信任秀才絕不是瘋

子。她認為前清時代能考上秀才，並不是簡單的事，他一定是個有學問的人。

任秀才從來不拒絕任何人去看他。我走到他的書房，迎面就看到一幅對聯，寫的是「有書真富貴，無事小神仙」。一筆行書，有如行雲流水，十分秀氣，首先我對他的字就十分欣賞。當時並不清楚那幅對聯的真正意義，現在想起來，在清末民初的時代，一個秀才，本來可能前途無量，可由舉人繼續上昇飛黃騰達。突然變成民國，秀才們失去了方向，進退兩難，有極端的失落感。再加上整天面對這批文盲而又頑固的鄉村父老，毫無溝通的管道，他那高山流水的琴音，找不到知音，在孤獨寂寞的生活中，亦只有以書為伴，無事煩惱為福了。這幅對聯，可能就是他當時的人生哲學。

多次去他的書房，聽他多次的談論，發現他是一個不忮不求，狷介自守，有所為有所不為的君子。他喜歡說的是《大學》中的「止於至善」，他認為做人做事，都應盡量做到至善。那時我大概小學四年級的程度，他再三說小孩要多讀書，書讀得愈多，眼界就愈寬，對人生的看法就不同了。他並不贊成書中自有黃金屋及顏如玉的說法，讀書並不僅為發財及娶一個美麗的老婆，天下要做的事太多。他說他生不逢辰，無

所怨言，但年輕人讀書的目的，應該是為國家人民做點事才對。

他的思想，就現在來說，仍然十分新穎而有見地。但他的這種新的觀念，並不能被村民所接受，村民認為讀書如果不為發財，為什麼要受十年寒窗的罪？讀書就是為著要發財做官，所以他們叫他瘋子，可能與他這個主張有關係。

瘋子老師最被全村歡迎的是過中國的農曆新年（現在稱為春節），因為他會給全村家家戶戶寫春聯。華北的鄉下，過年一定要貼春聯，不論貧富，不論貴賤，沒有過年不貼春聯的。實在貧窮的人，瘋老師會送給他們，不必付任何費用。我記得他最愛寫的一幅對聯是「一勤天下無難事，百忍堂中有太和」，其次就是「書到用時方恨少，事非經過不知難」。我想其中多少有點教育村民的意義。但因為文盲太多，可能不太懂得他的苦心。

華北在過農曆年時，都會下大雪。一般人相信瑞雪豐年的信號，雪下得愈大，就愈會豐收。主因大雪會將泥土中的蝗蟲卵殺死，蝗災就不會發生。他寫對聯時，我是他得力的助手。因為天氣太冷，墨汁隨時會結冰，需要時時將硯台放在炭盆邊烤熱，待墨汁溶

化後，才能再寫，我就是負責烤溶墨汁的助手。傳統的規矩，在年三十以前，一定得將全村的春聯寫完，貼上紅紅的春聯，表示吉祥如意，來年定有好運，國泰民安。

與瘋子老師相處漸久，每次寒暑假，都等不及似的，有空就跑到他的書房消磨很多時光。他喜歡喝幾杯老酒（白干），哼幾句京腔。他那用手搖的老舊「留聲機」，恐怕是他唯一的財產。他最喜歡的鬚生是馬連良，最喜歡的京戲是「打漁殺家」（又名青鼎珠，在上海曾經禁演過一個時候），其中蕭恩是他最愛演的角色。從他喜歡的京戲看來，他對貧富不均有種說不出的不平。

他夫人很早就去世，我從沒有見過。他那種瘋樣子常常十分風趣且幽默，有時自己亦幽自己一默，說我瘋子，就是瘋子，與我何損？這個樂天知命的秀才，有坦蕩豁達胸襟，對我後來求學做人都有很大的影響，亦是我第一位啟蒙老師。對他我永遠存著敬愛及懷念。

小妹深夜哭聲

約在七十年前，國民黨北伐成功以後，曾極力推動社會改革，想將清末遺留下的各種惡習，早日剷除。幼時看到城市及鄉村的牆上，用石灰水寫的「人民十二要」:「第一要男子剪髮」，要男人一定將辮子剪掉;「二要女子放足」，女子應將纏足的習慣除掉……（其他「要」記不太清楚）。

中國女子纏足起源很早。據余懷著《婦女鞋襪考》云，婦女纏腳起始於南唐李後主，命窅娘纏腳在金蓮上跳舞，後人效之，而明清最盛。悲哉中國女人，在這種殘酷封建風俗下受罪了這樣久。民國成立以後，這種風俗仍然存在，並根深蒂固深植在中國人的心中。

在父權至上的社會中，用三從四德，孝女經等教條，將女人牢牢的鎖綁著，使她們出生後就囚困在閣樓上，過著頭門不出，二門不邁囚犯生活。等待著父母之命媒妁之言,再被送到可能是第二個囚籠的婆家，

可能永遠得不到婚姻的幸福，像奴隸似的成為一個生孩子的機器。若不幸丈夫死後，又用貞節牌坊引誘，使她終身守寡，永不能翻身。天若有情天亦老，誰知道為什麼會這樣？

我有個小妹，小名日珍，學名學儀，長得健康美麗，笑起來更美。她聰明好學，曾跟我一塊上過幾天私塾。當她大概五歲時，家母要開始替她纏足。現在的人，恐怕很少見過裹足布，多半是用新白粗布，寬約三吋，長約丈餘，先用水洗，當布半乾時，再加層稀飯糊，然後放在青石砧上捶平，乾後又白又硬。

你想將這硬布，纏在五歲女孩嬌嫩的小足上，用力綁著一圈又一圈，硬要阻止足的正常成長發育，要使正常的足變成畸形的三寸金蓮。簡單的說，就是要她變成殘廢，世上悲慘的事，莫過於此。奇怪的是為什麼當時的男人，對三寸金蓮那樣愛好及著迷，這種病態心理，十分可惡。

因為纏足，學校亦不能去上，因為走路太痛。小妹就像一個受刑的羔羊，毫無反抗能力。母親仍深受清朝餘毒所害，並不知道時代在變，她深信女子腳大，嫁不出去，一生會變成老處女。其實這種封建遺留下的惡習，早應廢除，女人沒有理由再受這人間活罪。

本來縣政府派女督導每月下鄉一次，檢查一般女人放足的情形。但村人愚笨，並不知道政府美意，多將女孩藏起，拒絕檢查。北方鄉下，農家多有地窖，存放蔬菜水果之用，當縣政府督導來時，女孩多藏在地窖內，因被查到後，將會受罰。

我暑假回到鄉下老家，當晚聽到妹妹因纏足之痛，發出那終夜不停的悲啼。心痛不忍，不能入睡，而且覺得有責任救妹妹以免除這種殘酷的刑罰。所以深夜起來，用一把利剪，將裹得緊緊的裹腳布一層層的剪開，使那嬌嫩的小腳，完全解放。

妹妹雖然停止哭聲，但她並不太高興，因為知道第二天一定有場暴風雨的降臨。我盡量安慰她，像一位救災救難的勇者，告訴她不要怕，我會負責向娘解釋清楚。後來經多次的剪了再纏，纏了再剪，家母最後就不再堅持。我並答應家母，若妹妹嫁不出去，我會負責一輩子撫養她。

時光飛逝，這已經是一個甲子前的事了。我兩個姊姊可沒有她這樣運氣。七年前我和太太到北京旅遊，本來四姊要從家鄉來會我們，結果因腳小體重，行動困難，未能成行。她覺得十分難過及抱歉。她受這種

纏腳的刑罰，已有七十多年，其悲其痛，可想而知。
中國億萬婦女所受之罪，令人泣血，夫復何言。

從私塾到師範

　　雖然在終年兵荒馬亂，餓莩遍野的年代，孩子們仍得上學念書。我正式的啟蒙老師叫馬治田，他給我取了一個名字叫王學仁，因為我是學字輩。為什麼後來「仁」會變成「仕」，實在是一種意外的巧合，本書另有交待。

　　我在鄉村中讀的私塾，位在一個大戶人家的後花園，原來是一座燻煙葉蒸房，因煙廠關閉，這家人就大方的捐出來，當作窮孩子們的教室。房子很高，大約有兩層樓那麼高，但窗戶極少，通風不良，冬冷夏熱。但因為是捐獻，不要房租，已經很夠意思了。同時比較隱密，不容易被外面事物打擾，算是難得的所在。

　　同學約三十人，年齡由五、六歲到二十多歲。課程由三字經、百家姓、到大學、中庸、論語等。進門的桌子上，放一孔夫子的牌位。先生（那時不叫老師）的桌子上放一條長長的打手板，先給學生一個下馬威。

每日早上入學及下午放學都要向孔夫子的牌位鞠躬行禮，才能進入或離開教室。

教室的門口邊上，掛著一塊木板，上面寫著大大的三個字「出恭板」。學生要離開教室上廁所時，一定得先拿到出恭板，才能出門。否則，你就是私自離開教室，若被發現或被同學告發，就要打手心。這塊出恭板，成了小學生最怕的惡夢。

因為班中年紀大的學生，身高體壯，又結成一幫，將出恭板變成威脅工具。年紀小的學生，若不聽他們的索求，就別想拿到出恭板。小學生無力反抗，更不敢告訴先生。所以你若不想尿濕褲子，就得聽他們的，隨他們擺佈支使。這種惡作劇，成為幼時上學的夢魘。

像這種班上的「黑道」，好像並不少見。有媒體揭露現在中小學中的黑幫份子，仍然十分猖獗。小學生帶著零用錢，不敢自己用，留著孝敬班上黑幫份子，以免受到皮肉之苦。果真如此，七十多年後的今天，學校中的黑道，反而變本加厲，真是極大的諷刺。不知那一天，學校才可以給孩子們完全無恐無懼的活動天地。

在鄉下上了幾年私塾，馬先生認為我應該去縣城

裡上洋學。他說時代的確在改變，前清科舉那一套已完全過去，絕不會再回頭。再者鄉下土匪四起，搶劫掠奪隨時都可發生。那時華北的土匪，綁票僅綁男性。因傳統的重男輕女惡習，若家中女孩被土匪劫走，多半都不去贖回，而男孩子被綁架，則賣地亦要贖回。所以家母很早就想將我送到城內去上學。加上馬先生在家母面前替我吹噓一翻，說我是個讀書的料子，將來可能有點出息，這樣更加快去縣城上學的決定。

我記不得是幾歲，一天被送到湯陰縣立第一小學。入學當天，老師並沒有問我讀過書沒有，立刻排隊，按個子高低的標準，被編到四年級大概是甲班。第一天第一堂上的是算術分數，在鄉下讀了幾年私熟，連十個阿拉伯數目字都弄不清楚，一下子上分數，真叫洋鬼子看京戲，傻眼。

老師上課下課，從不問學生懂不懂。上了一學期，從沒有人查看我的學業，亦從沒家庭作業帶回家。我家兄那時在城裡學生意，也顧不到我。每天上學下學，除了國語有點興趣外，其他功課，都是在混，反正沒有人管我，混日子而已。

開始上學的時候，是寄宿在舅媽家。後來我發現舅媽對我並不親熱，她常說我母親送來的伙食費太少，

弄得關係不十分和諧。其實我娘每次從鄉下來，都用馬車載一車糧食，包括小米、麵粉及玉米等。但母親走後，她總是說這些東西不值錢，弄得我住不下去。

後來我自己決定搬到學校去住，因為學校規定四年級以上，可以在校住宿。搭學校的伙食團，每月伙食費是一元四角，喫得比在舅媽家好得多。哥哥每月給我兩塊銀元，除了伙食費，尚有六角零用，包括理髮、洗衣等費，六角錢仍用不完。

從四年級到六年級的三年中，師生的關係十分冷淡。我現在記不清任何一個老師的名字，也沒有任何一個老師關心過我，僅記得校長叫王西堂。每年照樣升班，沒有人問過我的功課，好像現在的放牛班。幼時在鄉下上學，還有幾個玩伴。到城裡來上學，中途插班，我這個鄉下孩子又土又笨，功課又差，下學又寄宿在外邊，和同班同學總是玩不到一起。他們玩的我不懂，他們唱的我不會，漸漸自己就將自己關閉起來，不願和他們來往。

僅記得一位五年級的同學叫蘇小泉的，時常主動邀我到他家去玩。他家很富有，他父親亦很慈祥。他有很多洋玩具，我從來沒有看過，看得眼花撩亂，玩得很爽。有時他父親亦叫我在他家喫飯。這是在我記

憶中，唯一特別對我友善的小學同學。不知他現況如何，應該和我年齡差不多，遙祝他健康長壽，希望能有相會的一天，再來共剪西窗之燭，一定回味無窮。

小學在糊裡糊塗中畢業了，暑假考上湯陰私立精忠中學。讀了一年，家中發生問題。我家原有八十畝田，父親死後辦喪事賣了三十畝，尚有五十畝薄田。過去家母總是將地租給別人種，但每年天災頻傳，佃農亦欺人，總說收成不好，交回的糧僅可糊口。所以嫂嫂想將地收回來自己種，希望我回去幫忙，同時可省了學費。

但種地我實在沒有興趣。那時用我的學費錢可請兩個長工，因此我決定不上中學，改上師範，學雜費全免，家裡亦可接受。次年就考上湯陰縣立四年制鄉村簡易師範。民國二十六年七月，盧溝橋事變，我正好師範畢業。

從民國九年到盧溝橋抗戰，這十七年中間由清末民初的軍閥混戰，直軍奉軍兩次開打，革命軍兩次北伐，到八年的中日戰爭，黃金歲月，均被戰亂耗盡，國家災難，全民同悲。從清末到現在，將近百年的慘痛歷史教訓，好像並不能使這沈睡的獅子驚醒。炎黃

子孫的災難，好像永遠無完無了。擱筆問天，這中國
人的悲哀，何時可了？

烽火中的歲月

—— 最後一列火車

誓將盡逐東來寇，細訴樓頭明月光。（田漢詩）

　　民國二十六年七月七日，日軍假藉演習為名，炮擊宛平縣城。國軍吉星文將軍，回擊了第一槍，揭開了中國神聖抗戰的序幕。由同年八月份開始，日軍沿平漢線由北向南連續轟炸各個縣城，以便迅速向南推進。

　　湯陰孔廟，原是母校湯陰縣立師範所在地，其紅牆黃瓦的大成殿亦為日軍轟炸的目標之一。曾有兩個小型炸彈落在大成殿附近，雖然沒有傷到學生，但仍引起極大的恐慌。校方見事態嚴重，決定立即停課，願意離校者可即速返家。

　　離校前孟校長對我們畢業班講話，他說現在全民抗戰，青年人應捍衛國家，投筆從戎。他有一好友現

正在開封，負責招考第十四期中央軍校學生，若有志願投考者，他可寫封介紹信，錄取定無問題。

　　同班者連我共有六位同學決定投考軍校。孟校長立刻寫好畢業證書，雖然尚差幾星期，但現在我們已經是合格小學教師。我匆忙將證書摺起來收好，離校到家兄處拿了法幣伍元，就和幾位同學直奔湯陰車站。

　　因日軍連續轟炸，火車時走時停。在路上大概走了三天，趕到開封後，發現十四期軍校招生已過期，據說回洛陽去了。在開封我們都是人地生疏，無親可靠，決定還是返家再做打算，又連夜坐火車回到湯陰縣城。

　　僅數日之隔，情況驟變。深夜趕回縣城，城門拒開，北方炮聲連連，風聲鶴唳，顯然已進入戰區。天亮後入城，滿城人心惶惶。滿街散兵遊勇，到處公開搶劫，兵匪不分，天下大亂。回到東街家兄的布舖德順祥號，見木門已被劈開，貨物被搶奪一空，慘不忍睹。又發現已有散兵駐進後院，決定立即趕回鄉下老家。

　　我家在湯陰縣東北，約有十五里之遙。我正要出

大北門時，被一軍中伙夫抓住，命我替他抬行軍鍋，
我當然反抗。在相爭之中，突然有一位可能是排長的
軍官替我解圍。我認為返鄉無望，就立即再回到德順
祥布舖。此時見到看守房子的小伙計阿忠，他仍勸我
回鄉較安全。

　　我再三沈思，覺得趕去開封才是上策。因開封有
一湯陰同鄉會，在小紙坊街十二號，是個四合院，可
免費住宿。同時身上尚有法幣伍元，仍可支持一般時
間。覺得食宿暫時沒有問題，放心不少。我在店中找
到一個墨盒，一枝禿筆，一枝手電筒和一條小棉被。
正好阿忠做了幾塊蔥油餅，是我所愛，就一齊包起，
整裝再奔城西湯陰火車站。

　　從東街德順祥店，經過學街，走到湯陰師範學校
大門口，想回顧一下在此住了四年的湯陰最高學府。
多少有些生死離別的感傷，處在亂時，誰知這不是最
後一瞥呢。由大門走過大成殿到教室，再看看附屬國
小，全校已是空空蕩蕩，死氣沈沈。

　　正在裡面徘徊傷感，突然遇到高一班的學長李翰
章兄。翰章個子較矮，但十分健壯及友善。他問我有
何打算，為什麼在這裡發呆？我告訴他我的決定，他

突然說看樣子日本人離此不遠，湯陰縣城隨時都會淪陷，決定同我一齊赴開封逃難。我心中十分高興，有人同行，此時實在難得，要他趕快回家，準備一些必要行李及路費，再到校門口會合。

待一小時後，我們一塊趕到火車站。遠遠看去，火車站行李堆積如山，新舊軍隊用品亦堆集滿地都是，人山人海，雜亂無章。同時已有工人開始挖掘北面的火車鐵軌，告訴我們這是最後一列火車。車廂內人擠得像沙汀魚，車頂亦滿是人，毫無插足之地。就連火車下面，也有人架上木板，用繩綁牢，人橫躺在上面，真是逃命第一，顧不到是否危險。

從北方傳來的槍炮聲愈來愈近，火車生火待發，已在鳴笛。我同翰章擠進車門，兩人一手抓著門上的把手，一腳站在門下面的踏腳板上，就這樣火車已經慢慢的開動了。突然翰章的哥哥跑來，說奉母親之命，要他立刻下來回家。翰章反對，車子在動，他哥硬將他拖下來，翰章無奈，祇有淚別。

我在淚眼迷濛及日寇槍炮聲中，揮別了十七年養我教我的故鄉小城。失去翰章，我孑然一身，前途茫

茫，孤寂無助，向南方漫無目的，進入烽火遍地，浩
如瀚海的難民潮中。

新鄉之夜

　　火車在隆隆的炮聲中，駛出了湯陰車站。我勉強用一手一腳之力，站在車廂的出入口。不知經過多少時候，火車停下，此時手酸腿麻，幾乎到不能忍耐之地步。我跳下車廂，半天不能行走。等到血脈流通，手足漸漸恢復其原來功能之後，才發現已是深夜。

　　看到車站大廳上寫著「新鄉站」，想離湯陰已上百里路了，不再聽到日寇的炮聲。車站內擠滿了難民，已無插足之地。我在車站外的走廊上找到一席之地，將小棉被打開，躺下後立刻入睡。在沉睡中，突然被人用皮靴踢醒。醒後見兩位憲兵在面前，說總司令的車要經過本站，此處全面戒嚴，你要離開這裡，走得愈遠愈好。

　　我只好離開走廊，等了很久，司令車才過。這時天已大亮，頓覺飢腸轆轆，口乾舌燥。聽到有些難民說要去馮玉祥將軍捨飯場領稀飯，我就立刻跟著，想弄碗免費稀飯吃。我和他們一起排隊向前，等待發飯，

但輪到我時，發飯的看我沒有白色難民條，說我不是難民，沒有資格領稀飯。我白跑一趟，得不到一碗小米稀飯，十分傷心。回到車站後邊，買了一個燒餅並一碗綠豆丸子湯，暫時止住了飢餓的煎熬。

因離戰地較遠，現在搭車的難民較少，火車頂上有了空隙可坐。我很快的爬上車頂，佔了一個坐位，比來的時候舒服多了。車頂是半圓形，由中央到車蓬邊緣最少有三十度斜坡，且光光的無任何可扶可抓之物，若不小心，在車行太快時，可能會滑下去喪命。後來到了鄭州才知道真有三個人在過黃河鐵橋時從車頂上滑到黃河裡去，十分淒慘。

坐著坐著，因為前晚被憲兵踢醒後無法再睡，睡意愈來愈濃。索性將小棉被打開，躺下就睡，將危險早已丟到九霄雲外。身子上半在車頂，兩條腿則掛在車蓬邊緣，隨著車的行駛，左右擺動。現在想起來，那確在死亡邊緣。

不知什麼時候，我被人推醒，發現棉被兩邊各坐一位姑娘。她們將我推醒主要因為看我有漸漸下滑之趨勢。我立即坐起來向她倆道謝，謝謝她們的好意。她倆是從安陽逃來新鄉，姐姐大概是高中生，妹妹是初中二年級的樣子。因為我亦是流亡學生，當時我穿

著湯陰師範的制服，沒有多久，大家就談得很開心。

同是天涯「逃難」人，相逢何必曾相識。她們姓魏，姐姐叫魏梅，妹妹叫魏蓮，是要往漢口投奔舅舅，據說他在漢口有很大的生意。究竟三人都是十七八歲的年輕人，說說笑笑，就將所有的危險丟在腦後。平漢鐵路快到鄭州時要過黃河鐵橋，坐在車頂，下看黃河，無風三尺浪，濤濤東去水，十分驚險可怕。好在車行很慢，到了鄭州，才聽說有人滑下黃河的悲慘故事。

鄭州是平漢鐵路和瀧海鐵路交叉之處。平漢鐵路可直接到漢口，而我要轉瀧海鐵路才能到開封。魏梅她們希望我和她們一塊到漢口找她舅舅，並說會負責照顧我。但我想我們是初相識，她舅舅究竟如何，尚是個未知數。到開封，最少住宿湯陰同鄉會沒有問題。因此我決定不和她們一同去漢口，要了她們漢口的地址，若有緣，定會再相逢。最後臨別依依，互道珍重而別。

沙都開封

王朝七度剩樓臺，古戍斜陽斷角哀。
千載洪流人見慣，黃河萬里逼城來。

（開封懷古　林藜詩，中原文獻二十七卷四期）

　　開封亦名東京，又名汴梁，並有七朝古都之稱。民國二十六年八月中旬，我由鄭州到開封時，因北京、天津、及華北很快棄守，北方各城的難民和流亡學生都齊集於此，放眼望去，滿街人頭。

　　抵達開封後，我首先到小紙坊街河南湯陰同鄉會落腳。找了四塊木板，架了一個床位，將小棉被打開，心情暫時平穩下來。第二步就是解決喫的問題。同鄉會中有一位管理員老李，記得大名叫李大春，亦是湯陰縣人，告訴我相國寺中有很多飲食攤，那裡喫比較節省。

　　雖然是第二次到開封，但相國寺尚未去過。走到

裡面，發現面積很大，像是一個大雜院，安排毫無章法。除多位飲食攤外，尚有唱戲的、說書的、賣大力丸的、玩魔術的等等，五花八門，應有盡有。據歷史小說上記載，相國寺是包青天的衙門。我看若包公在世，恐怕會氣得吐血。

我開始計劃如何花費。問過各種飲食價碼以後，我決定早上花五分買一大碗小米稀飯；晚上也用五分，買一個玉米麵大窩窩頭，這樣一角錢就可打發一天。同鄉會有開水，免費飲用，胃太空時，用大量開水代之。

後來發現開封花生米（落花生）很廉價，買伍分錢的花生米，夠我一晚上喫，且較有營養，晚上喫花生亦免上廁所。豫東（開封東部）因黃河犯濫，地瘠民貧，農作物最宜種花生。所以開封市上有十幾種不同的花生，價廉物美，品質極優。用兩分錢亦足夠一晚喫飽，生活就在這種情況下維持著。

為著怕坐喫山空，我早上在相國寺喫完稀飯，就跑遍大街小巷看各種招貼，看看是否有可以免費喫飯的機會。戰時的開封，可以說是大學生之都。北京、天津、及華北各名校的學生，撤退南來，大學生真如過江之鯽。一個鄉村師範畢業的人，想找份工作，真

比登天還難。日復一日，週復一週，整天坐困愁城，毫無生機，像鄭鴻禧所寫的「汪洋中的一條船」，無桅無槳，任其漂泊。但我仍然堅信天無絕人之路，我一定要活下去，不能放棄。

有一次飯後在南大街徘徊，突然看見一面掛在門口的小白旗上寫「募兵」二字。這真給了我一個驚喜，進門探問一下，有個軍人告訴我立刻可以入營，每月薪餉大洋三元。那時國家是募兵制，中國素有「好男不當兵，好鐵不打釘」的封建信條，認為當兵就是人生末路，同時也因為那時的兵，無惡不作，為所欲為。但我當時想，腰中空空，當兵總比餓死要好得多。

我興奮滿懷的回到同鄉會，把新發現告訴老李。但他不贊成我去當兵，說「你師範畢業，是當老師的材料，怎可去當兵？若你實在需錢用，我這裡可以週轉一下。」在當時戰雲密佈，烽火滿天的情況下，他居然願意借錢給我！我以為只有深交可共生死，肝膽相照的朋友才有這種義氣，沒想到一個素昧平生的窮管理員，竟有這種豪氣干城的氣魄，真使我萬分感動。我聽了他的勸告，暫時打消入營的念頭，但不到最後關頭不會向他開口借錢。

這時我一天的伙食費由伍分減為兩分伍，僅靠兩

分伍的花生就打發了。我每天仍照常「掃街」看廣告。有一天看到河南政府招考四名警察，報考者竟有四百名以上。人浮於事，高學歷的人一定優先錄取，雖然萬般無奈，也只能徒喚奈何而已。

一天下午，走到省立醫院門口，突然看見一招貼上寫明河南省政府招考戰地救護訓練班，名額三百名，訓練三個月，每月發伙食費大洋三元，並發黑棉衣制服一套。這個發現，真像平地一聲雷，天大的喜訊。不管戰地平地，有飯食有衣穿就好。我到開封已有兩個多月，時屆冬季，我穿的那套黃色夏季制服，已經是破爛不堪，懸鶉百結羞於見人之地步。看到這廣告，真是祖上有德，命不該絕，因為已是報名的最後一天。

我立刻跑回同鄉會，將畢業證件帶去報名。辦事員見到我的證書，說「你叫王學仕？」我仔細一看，發現原來在我們離校前，孟校長寫的畢業證書墨汁還未乾透，我就匆匆摺起，結果將「仁」字右半部的「二」字中間印了一豎墨痕，看起來就像「仕」字。

因為報名要緊，他說我叫王學仕，我也不否認。所以從此以後，我就由王學仁變成王學仕了。這個名字原非我所願，但名字不過是一個符號，坦蕩君子，有何所懼？假若當時要抗爭或辯論，他若說我的證件

是假的，而不能報名，坐失良機，豈不因小失大，得不償失。

　　因為招生廣告有「戰地」兩字，結業後立刻要調到前線工作，逃難的人，誰願再入虎穴？但深受飢寒交迫的人，管他虎口狼口，戰地平地，先能填飽肚子才是當務之急。尤其時至冬季，想起黃仲則《都門秋思》的詩句「全家都在風聲裡，九月衣裳未剪裁」。現在開封已是十月下旬，若能考上得一套棉衣，那才真爽！

轉捩一生的契機

　　山窮水盡疑無路，柳暗花明又一村。報名戰地急救訓練班後，心想一定要全力以赴，但時間倥傯，無從準備，當晚也沒有睡好。第二天一早就跑到省立醫院大教室，等待考試。

　　考試科目計有自傳一篇，國文，當今時事及算術四科。每科一小時，十二點前考完。題目尚稱簡單，大致尚滿意。聽說報考人數未滿額，心中十分高興，想多半可以過關。兩天後放榜，看到王學仕在榜上第五十一名。我樂得好像中了狀元，真是天無絕人之路，又一證明。

　　在正式上課前，先發給大洋三元伙食費，黑色棉衣一套。我不禁覺得這條汪洋的船已經燈塔在望，離岸很近了。晚上跑到相國寺，喝了兩大碗稀飯，並加了一個玉米窩窩頭，等於打了次牙祭。喫飽的感覺真好，沒有挨過餓的人，不知道喫飽了是如何的快樂。真爽，不是蓋的。

　　一週後開課，兩百伍拾人分成二處訓練，一半在省立醫院，一半在河南大學醫學院，我是被分到後者。課程有急救術、藥物學、繃帶學、生理解剖大綱、擔架術等。教官多為醫院護士，訓練尚認真。我收起那過了兩個多月惶惶不安心情，全心投入受訓課程，相信行行出狀元，可能這就是我終生職業。

　　歲月匆匆，三月已滿，結業在即。但戰況愈烈，日寇進攻神速，像秋風掃落葉似的，很快侵佔了華北平原。國軍節節敗退，日寇連日轟炸，難民潮慢慢向南撤退。開封危在旦夕，省政府已在準備南遷。

　　在等待分發中，有幾天空閒。目前雖然風聲鶴唳，謠言四起，但我的心情倒十分寧靜。食宿已有保障，眼前並無燃眉之急，何必杞人憂天？調到什麼地方就去什麼地方，生死有命，富貴在天。只要聽天由命，前途生死就不放在心上了。

　　開封古城，亦是旅遊觀光勝地。過去因為擔心食宿的問題，對名勝風景毫無興趣。現在有一星期假期，正好趁機將此古都流覽一下，以免後悔莫及。

　　我首先去看龍亭。龍亭大殿，坐北朝南，高居七

十二台階之上，金碧輝煌，巍巍聳峙。亭前石級上嵌
有雲龍雕石，十分美觀。大殿正中，有一塊巨石，顏
色黑潤，雕有滾龍，稱曰龍墩，皇帝的牌位，就安在
其上。殿內天花板上，亦彩繪了一幅蟠龍，龍飛鳳舞，
勢不可當。龍亭左右有潘楊二湖。一湖水清，是忠臣
楊家將家所有；一湖水濁，是代表奸臣潘仁美。忠奸
之別，十分清楚，給世人一些警惕。

　　其次我去看開封八景之一的吹古臺，又名禹王臺，
因為相傳大禹治水時，曾在樓臺上坐過。吹古臺聳立
在方圓五公里的牧澤地帶，附近古代碑刻甚多，最著
名的大概是康有為晚年的得意之作《吹古臺詩》，碑刻
的字亦是他親筆所寫。詩云：

　　　短槐高柳綠皆新，長沼圓亭澤似春。
　　　碑前拓影留後因，鸚鵡解語花馥芬。

字寫得蒼勁有力，春秋之筆，可以傳世。

　　第三個風景看了開封鐵塔。記得是建在河南體育
場附近，實際上很遠就看得見，就像台北的圓山飯店，
是市標之一。該塔又名靈感塔，相傳印度阿育王大宏
佛法，曾建八萬四仟佛塔，存放佛主舍利。其中一顆
傳入中國，放在杭州羅漢寺內。

　　據說舍利火燒不化，鎚擊不碎。宋太宗認為是寶物，派人去杭州將其迎回開封，並建了一座美侖美奐的木構佛塔以供信徒瞻仰。後該塔為雷火燒毀，宋仁宗又下令重建靈感塔，採用先進之建築材料琉璃磚瓦修建。因琉璃磚瓦為深褐色，遠遠望去，有如鐵造，故名鐵塔。附近有很多攤販，供觀光客買些紀念品，但沒有正規管理，髒亂不堪。

　　駒光如逝，假期匆匆而過。省政府派令已下，我分入第五小組，同學四人，派往河南西平軍政部第158後方醫院外科室工作。救護隊本來應該是到戰地工作的，但因為國軍撤退得太快，前線方位變化太大，故改派西平後方醫院。

　　四位同學中，一位是華北的流亡學生，叫王原仁，第二位年紀較大，曾做過平漢鐵路小縣的站長，其次一位是家在開封的青年，好像家中十分富有。這時的開封已是戰雲密佈，人心不安。我們四人趕到開封車站，已是人山人海，行李堆積如山。

　　好在四人都尚年青，又沒有什麼行李，馬上就擠上瀧海鐵路最豪華的火車「藍鋼皮」。當晚到達鄭州，再轉平漢鐵路，次晨到河南西平縣的醫院報到。記得

那時坐火車從未買過票，火車上亦沒有人查票。日本戰機繼續轟炸，國家社會之正常規律已不復存在。日寇轟炸之目的，就是使城內人心不安，自亂陣腳，以造成進攻之目的。

從被派到 158 醫院以後，我就一頭衝進這個醫藥的圈子裡，終身不得逃脫。時也，命也，運也，禍兮福之所倚，福兮禍之所伏，塞翁失馬，焉知非福，塞翁得馬，焉知非禍，是福是禍，上天會有一公平的安排及裁決。

西平故事

　　西平縣是位在平漢鐵路上一個三等小縣，民風純樸，但地方並不富有，文化程度亦較低。我們四人到醫院報到以後，蒙醫務長吳靜芝接見，並派往外科室工作，負責與傷兵換藥敷傷，工作十分輕鬆。每月仍有河南省政府寄發三元月薪，生活過得十分舒適。

　　原有在外科室工作的同志，都是北方名大學，如天津、南開、及北大的流亡學生，因無家可回，無學可上，所以主動加入醫院救護傷兵的行列。每天早上天不亮，就會聽到這些學生在門外大讀英文的聲音。和他們一塊工作，十分和諧。他們的言談及觀點，就是不一樣，亦師亦友，如沐春風。大家同是逃難的流亡學生，同仇敵愾，都在等待著天明。

　　工作餘暇，他們會組織文化工作隊，和醫院中山室的宣傳同仁合演短劇慰勞傷患，也會在街頭對民眾演如「放下你的鞭子」一類的短劇。他們對這一套十分內行，且完全投入。在烽火滿天，日寇瘋狂向南進

政的情況下，我竟覺得日子過得十分踏實，有聲有色。

　　但好景不常，快樂安定的時光，總是那樣短促。日軍機械化步隊已迫近黃河北岸，開封棄守，河南省政府向南遷移，不知遷到何地。我們每月的薪水停發，收到最後一份公文，說戰地救護班人員暫時解散，各人自求多福，河南省政府已無能為力。我們四個人又成了喪家之犬、不知何去何從。

　　四人中那位站長及家在開封的同學，想離院到開封與家人會合，再去逃難。另一位王原仁，和我一樣，都是華北來的流亡學生，無家無眷，無處投奔。此時戰況慘烈，傷兵像潮水一樣的湧進醫院，醫院換藥人員奇缺。醫務長吳靜芝醫師知道了我倆的情況，就主動要我倆仍留在醫院工作，補進醫院的編制內，正式成為醫院的一員。

　　吳靜芝醫務長是浙江醫專畢業，為人精明能幹。也許有緣，後來跟隨他工作了好幾年，這是後話，下面另有詳述。他答允我倆在外科室工作，補同上等兵任用，每月糧餉為一元伍角。在危急存亡烽火遍地的情況，這亦算是鐵飯碗了。

　　那批大學生，亦和我倆一樣，都是上等兵。我們

的班長是位姓胡的下士,十分風趣,笑口常開,有自信心及滿足感,對工作有一定原則,對同事十分友愛,難能可貴。和他們一齊工作,比獨自在難民潮中混要好得多。後來這批大學生在他們的學校在大後方復校後即自動離開,多半入昆明西南聯合大學就讀。

傷患愈來愈多,遠超過醫院能接受的量,有的傷兵就躺在露天地上,因為實在沒有房子可安置他們。消息傳來,日寇已渡過黃河,鄭州棄守,醫院亦在準備後撤,大家又惶惶終日,日夜難安……

作者(中)十八歲於 158 後方醫院工作與同事合影

花園小鎮

　　民國 26 年 12 月中旬的某一天夜裡，醫院突然接到撤退命令。大家匆忙把裝備和傷患送上火車，連夜開拔。次晨停在平漢路的花園站，下火車後住入民宅，等待軍方汽車，運往湖北北部待命。

　　我和王原仁倆人住在一個糧倉，內有大批存糧。房東為一中年婦人，有一兒一女。記得她兒子叫李雲生，女兒叫李雲英，兩人約十五六歲，都著學生制服，因戰火漸近，學校已停課。母親多年有病在床，原來的伙計，都因戰火離去。她們三人相依為命，孩子們侍母至孝，但終日坐困愁城，三人毫無笑容。

　　花園鎮白日全鎮休業，晚上像座死鎮。醫院在花園停了大約半個多月，我和他們兄妹相處十分和諧。我比他們大兩三歲，所以玩在一起像一家人似的。她母親深知戰火已近，全家可能已在死亡邊緣。她自己多病，無法逃難，但希望用我們醫院軍車，帶他們兄

妹離開家園到後方去。

　　我同我們的領隊商量，他說這是戰地，民眾有資格乘坐軍車逃離戰區，所以坐車的問題已經解決。我要他們儘快準備衣物細軟，因為隨時可能出發。知道我們醫院要往湖北樊城，他們十分高興。因為樊城對面就是襄陽，他們在襄陽有親戚，可以投靠。大家都在等待著出發的一刻來臨。

　　一天深夜，月黑風高，隊長接到命令，說一小時後上車。我立刻趕去通知他們兄妹。到了他們後面房中，看見他母子女三人，抱在一起，痛哭失聲。母親叫他兩人快走，但此時哥哥要守著媽媽，讓妹妹先走；妹妹要哥哥先走，她堅持要照顧媽媽。三人手拉著手，難分難解，生死離別，人間慘劇，莫過於此。

　　軍車無法久等，已開始發動，我也祇好含淚而別。走出門外，仍聽見房內的嚎啕哭聲。時光飛逝，斗轉星移，六十多年前的往事，仍歷歷如繪。那美好的一家，不知是福是禍，祇有求上蒼保佑。那一幕子女真情流露的悲劇，永刻在心，歷久不滅。「大刀向鬼子們頭上砍去」的歌聲，好像又在耳邊響起！

荒塚驚魂

　　全院由平漢鐵路花園站,連夜乘軍車到湖北樊城,停下來等船,準備由漢水逆流而上,前往湖北重鎮老河口。樊城面對襄陽,俗稱「襄陽樊城隔道江,過去漢口是武昌」。襄陽是一文化都市,文風很盛,又是諸葛孔明的故居,本想借機去瞻仰一番,惜開船在即,未能如願。

　　醫院船隊由漢水向上逆行,十分緩慢,約半個月才到老河口。醫院番號仍為軍政部第 158 後方醫院,院長是周清泉,亦是浙江醫專畢業,醫務長仍是吳靜芝。老河口遠離戰地,僅收容少量傷患,工作十分清閒。

　　醫院駐在老河口鄉下,一所又像民房又像廟的大院中,離市中心約有二里之遙。一晚無事,我到城內中山公園看白玉樓的京戲。十二時左右散場,獨自回院。當晚天氣晴和,月明星稀。出中山公園後,本有

條彎彎的大路直通醫院大門，但夜深人靜，我想走捷徑，就從附近稻田裡斜走過去。看到醫院那邊燈光明亮，沒想到會有什麼問題。

當時稻田新收割，地上留有約五寸多長的稻根。我走過一塊一塊的稻田，愈走稻田愈大愈遠，每兩塊稻田之間的田埂愈來愈高，得跳得很高才能跳過，跳過後的稻田又更低凹。後來田埂變成一人多高的矮牆，要爬上去才能跳到另一塊田中。

同時我又發現田裡荒塚處處，燐火亂飛，像流星似的圍繞在身邊。四處蟲聲響亮，像一組交響樂團。突然間，天上烏雲密佈，四周暗淡無光。遙望醫院，黑暗沉沉，燈光盡滅。我的草鞋已斷，赤足被稻根刺破多處，疼痛難忍，精疲力盡，寸步難行。

現在看到四周的牆高丈餘，根本無法越過。天色更加昏暗，又下起淅瀝細雨。我想今天恐怕回不去了，只得坐在墳頭，面對各個大小不等的荒塚，大聲說道：「各位朋友，我們前世無冤，近世無仇，本人坦蕩君子，從未犯罪，請放我一馬，讓我過去，今晚擾亂各位清靜，甚覺抱歉，謝謝。」

我雙腳疼痛，連站立起來都很困難，但心中卻十

分寧靜。因自從離家以來，雖然飽受飢寒交迫，食無定時、居無定所之苦，但做人做事光明磊落，絕無虧欠任何人。我沉思很久，心中更加安定，準備長期抗戰，等待天明。

禍不單行，雨勢漸漸變大，真是屋漏又逢連夜雨。我坐在墳頭上，因一夜爬牆的勞累，已昏昏欲睡。在迷濛中，聽見有人叫我，說「你不是王醫官嗎？半夜你坐在墳上做什麼？」我趕忙高聲求救。他聽見我的聲音，就跑到墳邊，將我拉起來，走出稻田。此時頓然雲消霧散，仍然月明星稀，稻田依舊，那有高牆阻人？而且離醫院不過一箭之遙。

回到醫院，我謝謝他的相救。他直說真是怪事，不能相信為真。我離開公園時是十二點左右，回到醫院已不知東方既白，在墳堆中竟困了四個多小時。這是我一生中遇到最奇妙的事，但在整個過程中，我從不覺得害怕，除燐火四處飛揚外，也沒有見到鬼魂或僵屍。

後來當地村民告訴我，這叫「鬼打牆」，孤魂野鬼，因為窮極無聊，做鬼打劫的勾當。這種玄妙傳言，怎可相信？但為著心安理得，次晨我也買了些冥紙到那稻田中燒了，並祝他們安睡。

　　多少年來，上面這段親歷的故事，仍然是心頭一結，不可思議。我推測可能因為深夜一人行走，心中懼怕以致心神不定。再者我在逃難途中還帶著一本蒲松齡的《聊齋誌異》，其中蓮香，香玉，葛巾，黃英等故事是我最愛讀的，日有所思，夜有所夢，或許也有關係。

　　最可靠的原因，比較科學的說法，是精神幻覺，如常聽見有人罵聲的聽力幻覺之類，而我所遭遇的可能是種「視力幻覺」（Visual Hallucination)。但我那天十分清楚，既未吸煙亦沒喝酒。好在僅此一次，從未再演。

　　在此鄭重聲明，此故事絕非虛構或危言聳聽。我在過去七十多年，走遍大江南北，環遊世界幾次，這是唯一無法以現實經驗解釋的疑案。

戰地黃陂

　　民國 27 年（1938）中，原來在老河口 158 後方醫院的醫務長吳靜芝調職武漢，昇任軍政部第 122 兵站醫院院長。副官董乃軍來電邀數位同事急赴漢口，協助新成立的兵站醫院。

　　在抗戰中，醫院多迅速成立而人手缺乏。吳靜芝院長曾在我無處可去時，讓我留在西平醫院工作，點滴之情，當以湧泉相報。所以我和王原仁及另外六位同事決定由老河口乘船，順漢水而下，直駛漢口。

　　離別前諸好友依依不捨，送別時有點「風蕭蕭兮易水寒」的味道。因為黃陂是戰地，日軍正在急攻漢口，武漢三鎮一定會有驚天動地的大會戰。那時日本鬼子已佔領中國大部錦繡大地，抗戰烽火燃燒著每個不願做亡國奴的心。國家在存亡之秋，實際上戰爭已經沒有前後方之別了。

　　我們在運豬的船上待了三天，上岸後在大智門附近找到 122 醫院院本部。立刻協助搬運裝備及藥品器械上車，很快就開到湖北黃陂，待命收容傷患。黃陂是漢口的一個衛星城市，人民知識水準很高，地方十分富庶。醫院駐在離黃陂城尚有十里的張家大灣，據說是一個大學校長的家，家園很大，房間很多。

　　收容傷患的工作很快就開始了。醫院配屬一中國紅十字會醫療隊，約有二十多位青年男女。他們工作十分認真，和我們一樣日夜不眠不休的為傷兵裹傷換藥。醫院編制的收容量為五百人，漢口會戰開打後，傷兵像潮水般的湧進醫院。陳校長的房子雖大，但傷兵更多。後來連走廊、院子、天井都躺有傷兵，成了一個大收容所。

　　夜晚外邊一有汽車喇叭聲，就表示有重傷患到院。大家要抬擔架將傷患抬到醫院內，每晚數次，有時整夜都不能睡。有一天深夜，外面下著小雨，喇叭又在大響。我們跑出去抬傷兵時，看見有幾位身穿黃呢子美式軍服，口說英語，但不是美國人的，亦在忙著抬傷兵。我問一位紅十字會同仁他們是那裡來的？他告訴我那些人是中國紅十字會總隊長林可勝博士及其部屬。

　　抗戰真的進入人不分男女老幼，全體投入，進入抗戰必勝的目標中。在抗戰前四年，中國沒有任何外援，單獨對瘋狂日寇，真是十分艱辛。見到林可勝博士在雨中親自抬擔架，我就知道中國抗戰一定會勝。

　　林可勝博士是我後來的母校，國防醫學院的第一任校長，因食道癌很早就離開人世。但在八年的艱苦抗戰中，他對國家醫藥護理之貢獻，是值得大書而特書的。他在生理學方面，是世界知名大師之一，著作等身。抗戰一開始，他就兼任軍政部衛生署署長。他先在貴陽圖雲關，創辦八年醫師養成教育，後又開辦了四個戰時衛生人員訓練所，大幅提昇了抗戰中之醫療品質。以上所舉，僅舉舉大者，其愛國之精神，可與日月同光。

　　我曾參加兩個衛生人員訓練所受訓，獲益匪淺。第一分所在陝西堡城，由顏智鍾為主任，招集全國軍醫，每期集訓三個月。第三分所在湖北均縣土橋，由馬家驥博士主持。我在第一分所結業時得第一名，第三分所得第二名，都獲頒獎狀及證書。

作者(後排右一)於抗戰時期的中國紅十字醫療隊合影，前排左右為正副隊長，中間是兩位護士。

痛苦的最後一瞥

　　122 兵站醫院到黃陂後差不多兩個月，武漢大會戰開打，國軍不敵，27 年 10 月 27 日武漢棄守。日寇瘋狂轟炸漢口及四圍之衛星城市，黃陂亦是其主要轟炸目標之一。天氣好的時侯，每隔兩三小時就來炸一次。飛機多是低空飛過，我們可十分清楚的看見日寇飛行員，面帶奸笑，手持機槍，向毫無反抗能力的民眾射擊，可惡至極。每次飛機過後，總聽到民眾的哭聲，不是受傷、就是親人被炸死，十分悽慘。這批日本野獸，卻樂此不疲。

　　有一次逃警報，我與兩位黃陂中學志願參加救護工作的義工一齊跑出醫院，分別俯臥在三個小墳墓的後面。飛機從頭頂飛過時，身邊轟然一聲巨響，我想這回可能逃不過日寇的魔掌了。

　　飛機過後，三個人一齊站起來，拍掉一身黃土，卻沒有絲毫傷害。原來是一個小型炸彈，正落在這三個墳墓中間，塵土飛揚，炸了一個大坑。我們三人高

興得相互握手慶賀，真是托天之福，逃過一劫。

還有一次，是在湖北老河口中山公園。夜晚飛機來襲，我躲在一所大宅的牆外，看見有人在附近放照明彈，多半是漢奸。飛機在上空盤旋，繼續轟炸。有幾顆炸彈落在我躲的牆內，爆炸聲震耳欲聾，我被從地上震起來好高，驚魂落魄，好久不知自己身在何處。後來得悉該大宅是五戰區李宗仁長官的官邸，我幸又逃過一劫，命大！

民國 27 年 10 月，國軍武漢轉進（那時報紙上把撤退都說成轉進），黃陂亦被棄守，醫院勢必後撤。紅十字會工作人員已先離去，醫院院長及高級行政人員也都不見蹤影，僅副官董乃軍一人殿後，告知我們立即撤退。

當時我負責管理的是重病室，其中約有三十多病號，多為十分嚴重的骨折、胸部及腹部外傷。照現在的標準，這種病人都應入加護病房。他們得知漢口失守，日軍迫近黃陂，都要求後送。但這些傷患根本無法自行移動，後送需要大型軍用汽車，且醫院大部份人早已離去，無車無人，如何後送？我無奈地告訴他們，目前的情況只能聽天由命，絕無可能後送。

　　我回頭離開病房時，聽到裡面哀聲震天，哭聲震地。一位腹腔受傷的傷兵，爬在地上，腸子拖在地上，要求我帶他走。我實在無法協助，淚眼相對徒喚奈何。每想到此事，心中都覺得無限愧疚。雖然是六十多年前的往事，現在仍然繪影繪聲，一幕一幕，永遠深印在心。

接近死亡之旅

很難相信人為什麼會自殺。中國人不是有句老話「好死不如賴活著」？但在極端痛苦之下，也許自殺確是自我解脫最好的歸宿。

民國 27 年 10 月底，武漢三鎮失守，軍政部屬 122 兵站醫院在十分匆忙中由黃陂撤退。日寇的炮聲槍聲飛機轟炸聲，震得人六神無主。我抓起一件傷兵用的紅十字大衣，背著一些外科用器械，和外科室的一批同事匆忙上路。

如潮水似的難民，加上成千上萬的散兵遊勇，匯成一條無比巨大的洪流，向著雲夢縣方向流過去。寬大的馬路，人們像沙丁魚似擠在一起，拚命向前奔走。步行的快慢，依日本人的炮聲為準。若炮聲太近，大家腳步加快；炮聲稀落，腳步自然就慢下來。

若是太累，你可大膽的在行走人群中睡著走，不會跌倒。因為人太多太擠，沒有跌倒的空間。小雨在

繼續淅瀝淅瀝的下著，身上的紅十字棉大衣愈來愈重，愈重愈累。你可以不走，自然有後面人推著你走。當然亦有離開人群躺在路邊睡著不醒的人。

經過雲夢以後，日軍炮聲漸遠。不像原先那樣擠的人群，繼續向天門縣方向湧進。沿途十室九空，找不到任何食物。散兵太多，雞鴨早被人捉光。11 月的天氣，已經很冷，衣服濕透，真飢寒交迫，求生無門。

在黃陂醫院時，我身上已有輕度疥瘡。每日洗澡後塗上硫磺膏，亦就不覺得難過。但這一個多星期無法洗澡，更無藥塗，全身開始奇癢，不得不用手去抓。疥瘡抓破後，就發生感染化膿，變成最利害的膿泡疥。疥瘡多集中在身體之溝縫處，如腋窩、大腿內側、會陰部、手指縫等處。由化膿而發高燒，行走十分不便，痛苦萬分。

有一天走到天門縣附近一個叫周家口的地方，那裏有一條很寬的河，不知何名，水勢不小，濤濤東流，十分壯觀。河上面有座鐵橋，若從橋上跳下去，十分方便，幾分鐘就可解脫。我沉思很久，家中有哥哥孝敬老娘，自已孑然一身，毫無牽掛。紅塵無愛，戰勝無期，痛苦已超過極限，不如解脫。

　　我集合正在休息的一群同事，告訴他們我的意願，並希望他們盡力將外科器械帶回醫院，是為所托。說完後，將身上唯一的財產，一枝新民牌自來水筆，給好友徐雯章，留下的就是一臭皮囊而已。說聲再見，請他們一群先走，因為這鐵橋，日本飛機可能來轟炸，早一點離開為妙。

　　聽了我宣佈不再走的計劃後，一位比我年紀大得多的上士班長，好像叫李中和的，站起來說先讓大家再休息一下再走。他是一老行伍，處世做人經驗十分豐富，平常就很有說服力。

　　他說「王醫官（那時我已是少尉醫官），這個意願我們大家十分不贊同。你在發熱，疥瘡化膿，行走困難，這種痛苦，我們都十分清楚。但孔老夫子不是說『小不忍則亂大謀』？在我們醫院這群不是正式醫師的醫官中，你最有幹勁又最純樸，友愛又進取，絕非永居籬下之人。僅一點災難，你就要解脫，真讓我看走了眼。」

　　「抗戰一定會終止的，而且我們一定會勝利。我們人多地廣，日本鬼子估計錯了。你趕快打消這個念頭，你的淩雲壯志到那裡去了？我比你大二十歲，經過的事比你多，走的路比你遠。日本鬼子攻下漢口以後，一定會休息一段時期，最近不會有什麼大會戰。

我依老賣老，請你還是打起精神，大家一塊走吧。」

　　他說完後，其他同事亦跟著走到身邊拉著我要一齊走。李中和的一篇話，態度誠懇，理由充足。我心中頓然又揭起一股求生的意願，覺得人間仍然有愛。出乎意外的他會如此豁達明智，可當吾師。然後大家東一句西一句說了很多笑話，以喜劇收場。

　　疥瘡到了沙市以後，每日洗澡擦藥而治癒，生活完全恢復正常。對李中和班長的忠言勸告，迄今永記在心，感謝之情，難以言表。

日諜田中

或許可能不相信我曾捉到一個日本間諜。

記得那是由湖北黃陂逃到雲夢縣的路上，那時正是武漢三鎮棄守，國軍幾個兵團緊急後撤，軍隊已無軍令，亂成一團。千軍萬馬，毫無規律的與難民潮混在一起，散兵遊勇，遍地皆是，無空不入。

上天亦在悲泣，整夜下著小雨。上有日機，下有追兵，人們都在半睡半醒，似睡非睡中，擠在巨龍似人潮中撤退。路好像永遠走不到盡頭，走一山又一山，過一河又一河。千山萬水，長亭短亭，人們除了逃生，沒有第二個念頭。

有一天在行進中，我惺忪的睡眼突然驚醒，好像看到一個戴著大草帽，身穿白色套頭便裝的胖男子，在雨中的大草帽下，注視著每個散兵臂上的臂章，有時亦用筆寫在他手中的小本子上。

　　因為實在太累，很快又要走入睡鄉，但不知為什麼睡意頓減，我又睜開眼，並走幾步跟在他的背後，希望更明瞭一下他在幹什麼。後來確定他在記士兵臂章上番號，頓然驚覺此人大有問題。他個子矮胖，後面看不清楚他的面孔。我請我們的一個下士班長，問他是幹什麼的，叫什麼名字。

　　當他回頭一看，露出十分驚慌的表情，我就知道這個人可能是日本人。問他叫什麼名字，家住那裡，往那裡去，他都答不出來。國語說得很少，中國字認識幾個，而且承認他是迷途的日本人。

　　這時心頭立刻湧上國恨家仇，可恨的日本鬼子居然敢在後方做間諜工作，想立刻將他處死。同時亦有散兵及難民包圍著他，很多人怒吼要打死他，還有難民向他臉吐口水。他見身份已經暴露，低頭不語。我們走到一個休息站，再詳細問他的情形。知道他叫田中什麼郎的，被徵入伍，跟著日本軍隊到了武漢，後來不知為什麼迷途而混在難民群中。

　　我猜想這傢伙是反戰逃兵，他沒有帶武器，有一個小冊子上面寫的大多是日本字，亦有士兵臂章上的符號。我們用繩子將他手由後面綁起來，叫他跟著我

們一齊走，由原來那個下士班長看著他。

　　這個日本人開始有點驚慌，表情十分無奈，並十分害怕。日本人與我們有不共戴天之仇，但他是一個活生生的人，如何處置，真是難題。他是日本人沒有問題，但如何來處置他卻成了我的問題。

　　大家說夜裡再決定吧，將近天黑，我們駐進一所民房準備過夜，將他綁在一棵門外的樹幹上，告訴大家他是個日本間諜。我回到房內的草堆上，立刻進入夢鄉。帶槍的軍人很多，但整夜沒有聽見槍聲，日本鬼子並沒有哭鬧叫喊。

　　次晨天亮，看見那日本人仍安全的綁在樹上，全身濕透，面孔頹喪，萬般無奈之狀。他一夜未死，表示他命大，亦表示中國人的慈悲寬大胸懷。現在我們又要起程，正好一個民伕生病，外科消毒鍋無人挑，我就先讓這位日本人代替挑夫，並用繩子綁在腰間，仍由那位下士班長跟在他後面看管他，就這樣上路向沙市邁進。

　　現在已深入湖北內部，難民潮漸稀，軍隊恢復軍紀，鄉村已有民眾居住，可以找到吃的東西。這個幸運的日本間諜與我們同吃同住，晚上的繩子亦除去了，因為深入中國內地，他想逃亦十分困難。看他沒有逃

跑的意願，他很明白自己的身份，對人十分客氣，認真學國語及學習國字，相處像團中的一員。

　　行行復行行，我們走到湖北沙市。沙市是長江邊的一個大城，商業及交通十分發達，因他是戰俘，我們不能留他，決定把他交到當地的憲兵司令部，並寫明捉到他當時的一切情況。他走時離情依依，還將家中的地址寫下來以便將來通信。

　　捉到他是在民國 27 年 10 月中旬，後來在閒談時仍然常提到田中，大家仍十分關心他。民國二十九年（1940），我調到鄂北老河口 158 後方醫院工作。一次在老河口中山公園看到田中，他先看到我跑來和我握手。

　　他穿著一身黃呢子軍裝，和其他憲兵來中山公園散步。告訴我他的工作是在空中向日本兵喊話，叫日軍投降。他說中國地大物博，民風善良，是禮義之邦，叫日本軍閥停止戰爭。他連說帶笑，十分高興，中國話說得很有進步。臨別時對我說他十分感謝我們過去對他的照顧。

湖 北 均 縣

—— 一個值得回憶的山城

　　軍政部第 122 兵站醫院，由黃陂退到沙市，再由沙市退到樊城。稍作休息及整頓後，再由樊城逆漢水而上至湖北鄖陽縣。醫院番號改為 153 後方醫院，院本部位於離城約十里路的鄉下，一個叫楊溪舖的小鎮上。

　　鄖陽是個山城，地方並不富庶，民風十分保守，文化程度不高，文盲多，對西醫仍在拒抗，民眾很少到醫院來看病。約在民國二十八年夏，鄂北沿著漢水幾個城市，霍亂大流行。在醫院駐地的楊溪舖，就死得十室九空。最後連挖坑埋人都要醫院中的士兵來幫忙，棺材亦沒有人抬，真是屍橫遍野，慘不忍睹。

　　本來在霍亂未流行前，醫院已組成防疫注射小組，分批定時到附近鄉村為村民注射霍亂傷寒疫苗。但群眾愚昧，被謠言欺騙，有人告訴他們注射後會變成啞

巴，亦有被告知注射後會發瘋的，所以看到醫官來鄉
注射就逃到他處，拒絕注射。

　　當霍亂流行時，村民發現醫院中的傷兵、士兵及
穿白衣服的人都不會因霍亂而死亡。後來證實他們是
打過防疫針的關係，所以突然附近村莊的男女老幼，
都趕來排隊要求打針。此後醫院並印發文宣品，告訴
村民如何預防。約一個多月，才將霍亂控制。

　　為了配合收容由四川方面轉運下來的傷患，醫院
由鄖陽移到離武當山不遠的湖北房縣。這才真正是一
個山城，既無水路，亦無公路，文化教育程度甚低，
文盲亦多。勞工多患有因缺碘而致之甲狀腺腫大症，
勞動工作時，呼吸比較困難。在此停留數月之後，因
戰況需要，又奉命移往湖北均縣，醫院番號改為軍政
部第 73 陸軍醫院。醫院編制擴大，我晉昇為上尉軍醫。

　　在均縣曾度過一段美好的時光。重病室分在一個
教會辦的盲啞學校內，院子很大，有很多小房間，暫
時尚未收容傷兵。我認識了當地郵局和電信局的一批
年青朋友，組織了均青籃球隊、話劇隊等。此外，縣
立中心小學缺少教員，學校請我擔任六年級級任老師。
又因醫院無住院的病人，比較空閒，我們成立了一個
英文班，請挪威籍的路德會牧師席維松先生教我們英

文，每週一次。生活過得十分充實。

後來由漢水下游轉運來的傷患日見增加，我除了到中心小學上課之外，醫院外的活動減少很多。同時醫院配屬一組中國紅十字會醫療隊協助醫護工作。其中有歐美自願來的醫師夫婦，醫院醫療工作之品質提高甚多。

紅十字會醫療隊的醫師護士，任勞任怨，工作認真，服務精神極佳。他們的待遇可能比軍人稍高，但亦相差無幾。可是他們的表現，可真令人刮目相看。他們的衣服雖舊，但整齊清潔，包括鞋襪在內。每日上班，男女儀容都十分整齊美觀，但並無刻意化裝。互相見面，不論是否相識，總是面帶笑容，十分客氣。有什麼醫護問題，都會盡量回答，直到你滿意為止。

在抗戰那種極端貧乏的生活水準之下，他們服務的熱情仍然堅忍不屈，令人佩服，也證明領導中國紅十字會的林可勝博士領導有方。我也首度發現，教育的確可改變人的氣質。由高等學府出來的人，一切就是不一樣，每個人都是樂觀進取，名利與他們無關。這批人可稱人中之龍，他們協助國家在戰地默默工作。這種偉大的愛國情操，應該受到國人最高尊敬。

　　我當時負責管理手術室，所以和他們十分接近。外科的工作範圍大半是骨科，最多是下肢骨折，以外科手術整復後，加上石膏固定。在他們內行醫師指導下，麻醉多半由我負責。除了用乙醚上點滴麻醉之外，亦常施行腰椎麻醉。

　　有一位叫巴敦的英國醫師，指導我很多。我和他在手術室中一起工作了很久，學了不少東西，也變成了朋友。後來他們被調到前方另一醫院工作。因此我上麻醉的歷史，應該在五十多年以上了。可能我與麻醉有緣，生下來就是來學麻醉的。

均縣中心小學六年甲班師生合影，作者(二排中坐者)

父女有情醫官無緣

　　在均縣 73 陸軍醫院內，有兩位副官，一位叫趙子勝，另一位叫趙冠三。一晚趙冠三到我宿舍，告訴我一個意外的消息。他說均縣大街上，有一何氏父女醫院，現在父親年逾七十，女兒正是雙十年華。他父親希望我去替他主持醫院，並可成為他的女婿，原因可能是他的女兒曾在球場看過我打籃球。

　　這所醫院我亦知道，那女孩我也看過，但從未交談過。我覺得十分奇怪，醫院中單身年青的醫官總在十名以上，為何會選到我？我當時沒有回答他，因為事情來得突然，而且並不簡單。他讓我詳細考慮一下，三天後回話。

　　何氏父女醫院在均縣山城，算是十分豪華且聲名及口碑甚佳。前門完全用大青石磊起，約有三層樓高。門正上方，用大字行書刻「何氏父女醫院」，巍巍在上，十分耀眼。父親身體瘦矮，健康情形甚佳；女兒身材中等，白淨面皮，頗有幾分姿色。

　　那正是抗戰第五年，亦是抗戰最艱苦的時刻。醫院裡喫不飽，軍服滿身都是補綻，這真是從天上掉下來的好運道。這三天弄得我心神不定，考慮再三後，還是決定拒絕。不是完全沒有心動，但心想我還年青，不願太早就被套牢。而且雖然我現在是上尉軍醫，但戰後沒有政府規定的合格醫師證書，就是密醫，開業是要坐牢的。我一定要成為一個光明正大，國家認同的醫師。再說國將不保，何以家為？所以第三天我就回覆了趙副官我的意願及我的目的，再三謝謝他及何氏父女的美意。

　　事情就是那麼巧合，拒絕了趙副官及何醫師所謂的大好機會差不多一個月後，醫院接到貴州安順軍醫學校招考兩年制軍醫補習班的通知。現役軍醫均可投考，報名地點是在均縣土橋衛生人員訓練所內。考期在暑假，尚有兩個多月可以準備。考試科目為國文、英文、衛生勤務、簡要生理解剖學、及簡要藥理學等五科。

　　我報名後，就又去找席維松牧師加強補習英文，每週三次，每次一小時。有時牧師不在家，席師母就替我溫習。我手上僅有一本《軍醫必攜》，從第一頁起，每天讀到深夜。暑假到土橋考試，題目不算太難，英

文生字僅一 Submarine（潛水艇）沒有答出來，大致覺得尚稱滿意。

　　駒光如電，考完後整天都在等待錄取通知。在開學前兩月，本院其他同事的通知都早已接到，唯獨我的未見，可能真的在孫山之後！但我不認輸，跑到土橋三分所查詢。那天正好遇到主任馬家驥博士（他是後來國防醫學院的教務長兼公共衛生教授），知道我的問題後，他親自跑去書記室查軍醫學校的錄取名單。回來後他笑著恭喜我高分錄取，並立刻寫好我的錄取證明公文，叫我帶回，趕快準備起程。

　　回到醫院後，我將證明拿給醫院的辦事人員看，才知道是院長吳靜芝故意不要書記室通知我。真是江湖險，人心更險（曾國藩語），吳靜芝差點毀了我的一生，但我到現在還不知道為什麼。聽說在大陸文化大革命時，他屬黑五類，被鬥爭得很慘。人的命運，真的實難預料。

　　在匆忙中，我告別了73陸軍醫院，準備負笈安順，走向人生另一程。

負笈安順

雞聲茅店月，人跡板橋霜（溫庭筠詩）

　　由湖北均縣到貴州安順，要穿過四川，途中一定
得經過陪都重慶。日本人將所有通往重慶的主要交通
路線都切斷或破毀，我們只能走偏遠的山路。真是走
了一山又一山，山山不斷，嶺嶺相連，真正認識了中
國的地大。

　　離學校開學尚有兩個多月的時間，七月中動身相
信可以按時到校。我預備了幾雙布草鞋（用布條編成
的草鞋)，開始出發。同行者有本院李光慈醫師夫婦及
其幼子，一位黃司葯，後來又加上去重慶的一對青年
音樂家夫婦及其幼女。這樣大一群人，走起來比較安
全，路上亦不太寂寞。每人提著背著大包小包的行李，
穿著破舊的衣服，很像一群難民。

　　開始行走的第一個星期，真是苦不堪言。穿草鞋
的雙腳很快就磨出水泡，水泡破後，異常疼痛。腿部

肌肉，因平時運動很少，走不到幾里路，就痛得發生強直。非馬上躺到地上，請別人用力將兩腿壓平，才可稍減疼痛。每次大約要十分鐘左右，才能再站起來慢慢前進。

記得上路第一天，雙腿強直就發生了十數次，多因肌肉中產生過多乳酸所致。步行一個星期以後，情況漸漸好轉。腳皮變厚，水泡已消，雙腿強直的次數大為減少。大家過著「日落先宿店，雞鳴早看天」的日子。每天最快樂的一件事，就是走到下午休息的地方，請店家給一盆熱水，將雙腳泡在熱水裡，真是一大享受，說不出的舒服。沒有走過長途的，恐怕難以體會。

幼時讀李白的詩「蜀道難，難於上青天」。步行由湖北到四川，終於體會到這句詩的真實性。路上亦曾遇到土匪打劫，但他們看到這難民群，亦就「同情」而退了。加上我們的領隊李光慈軍醫，能言善道，十分「公關」，路上很多小的阻礙，都消於無形，十分感謝他。

不知道走了好久，一天終於到了巴東。謝天謝地，因為由此可乘小火輪直達重慶，哪還有比不需要步行就可到重慶更美好的事！雖然買昂貴的船票，而且睡

在露天的甲板上，仍然覺得很爽，我真的走怕了。

　　由巴東逆行長江而上，經過三峽，巫山十二峰。詩云「巴東三峽巫峽長，猿鳴三聲淚沾裳」，巫山雲雨，美景如畫。「曾經滄海難為水，除卻巫山不是雲」，這是唐代詩人元稹對巫山雲彩的讚嘆。十二峰中的神女峰更是眾所週知，楚王神女的愛情故事，早已膾炙人口。我今日有幸路過巫山之濱，看到了神女峰的真面目。那飄浮在峰際的白雲，似煙非煙，似雲非雲，使神女峰顯得絢麗多姿，恍如仙境。

　　船過了長江三峽，再經過奉節，萬縣及酆都而到陪都重慶。時間已花了一個半月，離貴州安順，仍有一段艱苦的旅程。

做新軍醫者來

　　重慶是個山城，位於長江與嘉陵江交口處，此時是政府抗日指揮中心的所在地，故名陪都。街頭交通繁忙，人頭擠擠，大半為軍人。物價尚平穩，但旅館難覓。結果我們幾人在重慶對面的海棠溪，找到一個小餐館的天花板上面棲身，等待汽車往貴州安順。政府公路局汽車，多為特權所控制，普通人根本沒有機會可乘，登記後要排到兩個月以後。所以祇有找「黃魚」車（即載黃魚的私家車)，但司機多獅子大開口，隨便要價，也非普通人坐得起。

　　日本人將中國海岸完全封鎖，抗戰中的外援，多半由緬甸經仰光到昆明，然後由滇緬公路到重慶。那時公路上最富有的就是汽車司機，喫最好的餐館，住最豪華的旅店，神氣活現，不可一世。有人緊急要坐車，常以金條論價，十分驚人。司機不僅帶黃魚賺錢，同時亦走私黃金，西藥及珠寶等貴重物品。

　　從重慶到貴州安順，山高路險，公路有七拐十八

彎之稱，車禍頻傳。戰時汽油與血同價，所謂「一滴汽油一滴血」，所以大多汽車用酒精或木炭代之。燒木炭的車上山坡時，乘客都得下車，因車隨時會熄火。車尾一定要跟一助手，手持一三角形大木棍。當車熄火時，將三角棍放在車輪下，卡住車輪，以免車繼續後滑。若車超載過重，三角棍卡不住車輪，車禍即可發生，所以規定乘客一定得下車，以保安全。

我們在海棠溪住了一個星期，每天早上五點鐘就得起身，因為下面餐館五點鐘就要開爐生火，煤煙上升，在天花板內無法呼吸，得趕快下來走出門外，呼吸新鮮空氣，才覺得舒服。此時嘉陵江畔，帆影片片，魚火點點，十分迷人，但開學在即，行期未定，萬分無奈。突然聽到海棠溪上面的寺院鐘聲，面對美麗的嘉陵江，真是「煙波江上使人愁」，不知何時可以起程。

一天早晨，我走到海棠溪的公路局車站，看見一汽車司機在發動木炭火爐生火。我問他準備向那裡去？他說往昆明。帶不帶客？他說當然想帶，但車上裝的是四川井鹽，車中太冷，沒有客人願意坐。我說我有四個大人，一個小孩，我們不怕冷，你要多少錢可以帶我們到安順？安順是到昆明必經之路，他說了一個價，我覺得尚可接受。

　　他說兩個小時之內，一定要上路。我趕快回到住處，告訴他們這個突如其來的消息。大家都說不怕冷。一個小時後，我們到公路局車站，上了他那滿裝鹽塊大車。大概是早上十點鐘，開始上路。離安順又近了一步，可以在開學前趕到學校，十分高興。

　　四川號稱天府之國，地肥民富，對國家抗戰付出很多，好像每一寸土地，都可以利用。且四季風調雨順，年年豐收。當車子一出四川入貴州境，則情況大變。遠望童山濯濯，遍地荒蕪，天地陰暗，朔風四起。與四川相比，真有天地之別。

　　在車上坐了大概四天，才到安順。在淅瀝的雨聲中，眼中不知是雨是淚，看到了「做新軍醫者來」的牌坊，我走進軍醫學校大門。復原後軍醫學校遷至上海江灣，改名為國防醫學院，由林可勝博士為院長，張建及盧致德將軍為副院長，這是後話。

安順拾零

　　本來在安順讀兩年軍醫補習班，就得再回原醫院工作。後來政府因軍醫奇缺，故再延長兩年，將補習班改為專科部。而且畢業後可參加國家醫師考試，取得正式醫師資格。雖然在四年的醫師養成教育中，很多課程與大學部合班上課，競爭很大，讀書得更加用功，但對我來說，這實在是從來不敢夢想的好消息。

　　貴州真是像幼時讀的地理所說的「天無三日晴，地無三里平」。安順的冬天很冷，冬夜更冷。我住的宿舍是進學校大門的仁愛樓，窗子之多，佔掉牆壁二分之一，空氣十分流通，但冬天可受不了。

　　我的床舖是用四塊木板並在一起而成，木板與木板之間有縫隙，冬天的風，可由下面的縫中，直接侵入棉被中。多少夜都被凍醒，不能入睡。加上不斷的下雨，到附屬醫院或其他系上課，都要走很長的泥濘路。穿當地做的皮鞋，多半漏水，襪子濕透，兩腳好像浸在冰水中。

尤其甚者，病理主任黃博士上課，都是連上四小時不下課。他是病理博士，課中愛說他的德國老師阿學富如何如何，但不知道為什麼他不懂生理？上他的課，早上不能喝稀飯，以免膀胱受不了，真覺得不合理。而且四小時下來，兩腳凍得麻木無知覺，都生了凍瘡，十分辛苦。但他的講課及內容，確實是大師級的水準，材料又多又好。我的病理亦考得很好。

抗戰已有七年以上，全國艱苦是當然現象。學校伙食很差，我常常在半飢餓狀態。伙夫做的私房菜「豬頭肉」，就是最珍貴的營養品。後來同鄉楊純信告訴我學校後面的小山上，遍地都是野生的小蕃茄，可以自由摘取。所以每當飯後，我就到後山摘一包小番茄，洗淨後可以喫得飽飽的。這天賜的飯後水果，十分美味。直到現在，小番茄仍是我的最愛。台灣人有句諺語，「喫果子拜樹頭」，我喫了多年的蕃茄，對它亦應存深深的感謝之意了。

猶記得有一次上外科解剖實習，用乙醚上狗的全身麻醉，上完課後，狗已死亡。我們向工友要了一條狗腿，很久沒喫肉，想用這條死狗的腿打打牙祭。想的倒很好，但事情卻出意外。我和另三位同學先將狗腿處理清潔，加上大蒜、大蔥，用一大沙鍋煮熟。佳

餚當前，希望可以飽餐一頓。但事與願違，大家一口
咬下，都立即吐出。因為氣味難聞，無法下嚥。

原來狗死後乙醚留在體內無法排出，以致狗肉無
法食用。可是我們已經下了本錢，絕不能丟掉。後來
我們再買了等量的豬肉，加了蔥蒜及酒，再用大火煮
了約兩小時。然後試喫一塊，覺得口齒留香，十分可
口。於是每人飽食一頓，回去睡覺。

平常冬夜太冷，棉被太薄，朔風襲人，很難入睡。
可是那一夜卻十分神奇，全身發熱，十分舒服，毫無
冷的感覺。第二天上午連上四小時的病理，兩腳仍然
溫暖如春。狗是人類最忠實的朋友，我並不鼓勵人們
喫狗肉。但牠的肉有這樣神奇的作用，對人類亦是一
大供獻。

時序到了民國 33 年（1944），中國抗戰進入了第
八個年頭。日本軍閥敗象已露，但仍作困獸之鬥。深
入中國內地的日軍已迫近貴州貴陽，附近的衛星城市
亦感到喫緊，政府已準備將陪都遷往昆明。

民國 33 年 12 月 1 日，日軍攻陷獨山，貴陽危急，
國家危亡，就在旦夕。蔣委員長呼籲全國不願做亡國
奴的青年獻身保國，「十萬青年十萬軍，一寸山河一寸

血」。各大學立刻暫停上課，有血性的青年男女，風起雲湧的走出象牙塔，加入青年軍抗日。凡青年軍的軍車經過之處，很多青年自動跳上車中入伍，情形十分感人。

在安順的大街上，我就親眼看到一位年青的妻子，一手抱著哭泣的孩子，一手拖著丈夫車外的一條腿，不知如何是好。愛國保家十分矛盾，哭聲哀號，可驚天地而泣鬼神。最後車慢慢開往前線，丈夫將妻子的手分開，並將身上所有的鈔票拋給她，車子已加速飛快前進了。為著這個危急存亡的祖國，忠孝何能雙全？美麗的太太，天真的孩子，祇有等到抗戰勝利再團聚吧。

勝利之夜

民國 34 年（1945）八月六日，美軍第一枚原子彈丟到日本廣島，八月八日第二枚原子彈投炸長崎，定下勝利的基礎。同年八月十五日，晴天一聲雷，日本天皇宣佈無條件投降。

勝利消息傳到安順時，是當日晚上十時正。不知誰在仁愛樓下放了串鞭炮，驚醒了睡夢中的全體同學。有人在樓下大喊大叫「日本人投降了！日本鬼打敗了！」同學們連鞋子都來不及穿，就直接跑到安順大街上。整個安順城內，人們都進入半瘋狂狀態。

很多老外，多半是美國駐軍，一手拿著酒瓶，一手抱著美女，在街上又喊又跳。有一個美軍，一手拿著美鈔，見人就送。全城鞭炮震天價響，燈光四射，如同白晝。有人哭，有人笑，有人已醉倒在路旁。每家門口都張燈結彩，像提前過中國新年。

每個人都覺得一身輕，丟掉了一個沉重的包伏，

渴望著的和平已經到來，光明就在前面。八年不是一個短日子，頓時千頭萬緒，湧向心頭。我反而十分沈靜，沒有進入那群瘋狂的人潮中。自己一個人回到學校，走到大門口，仰看飄揚的美麗國旗。突然悲從中來，抱著旗杆，痛哭失聲。

我哭這八年來國家所受到的災害與創痛，我哭那死傷千萬的國軍及無辜百姓，我哭國家何時才能得到真正和平，我哭自己孑然一身顛沛流離的坎坷命運。猛然抬頭，看到東方既白，我收回眼淚，感謝上蒼。在這八年抗戰的烽火中，能保持著這條生命，已屬不易，且已夠幸運了。

我這場大哭，哭掉了我心中所有的屈辱，心中覺得坦蕩豁達。往者已矣，現在應該原地起步，從頭做起。我的哭大概有點像詩聖杜甫的「劍外忽傳收薊北，初聞涕淚滿衣裳」。是因勝利喜極而泣，自然流露，無法控制。

現在全國都在慶賀抗戰勝利，政府將還都南京。我亦正在等待「青春作伴好還鄉」的美好時刻。

江灣夕照

　　上海，十里洋場，紙醉金迷，仍然燈紅酒綠聲色犬馬的大都市。抗戰八年對她好像並沒有太大傷害，蘇州河水依舊那樣污穢，十里洋場的外灘仍然那樣繁華。

　　勝利後，軍醫學校改名國防醫學院，校址就在上海新市區的江灣。校內名師群集，各科系主任及主治醫師多為前北平協和醫學院及協和醫院的教授。人才濟濟，教學認真，醫術精湛，名噪一時。更時有美國哥倫比亞及其他名校醫學院醫師來任客座教授，使教學及醫療品質顯著提升。

　　國防醫學院附屬醫院那時被稱為上海四大醫院之一，臨床實習醫師來自國內外十六個醫學院。每週臨床病例討論會，上海各大醫院來院參加者愈來愈多，會議室常有人滿之患。

　　學校遷回上海後，在安順尚未修完的課程計有小

兒科、腹腔外科、牙科及精神病學繼續修習完畢。於民國 36 年（1947）六月，經各科考試後，由林可勝院長頒給專科部畢業證書。

國防醫學院畢業，政府規定分發到軍醫院工作。全國計有十大陸軍總醫院，分佈在全國各大都市，如台灣為第五總醫院。據資科顯示，武漢總醫院教學最優，管理甚嚴，其外科部主任亦為北平協和醫院的醫師。所以我就把分發志願填武漢總醫院外科。

驪歌高唱，分發在即，有三位同班好友知道我要去漢口後，都勸我改選上海總醫院，堅持說那才是最好的選擇。正好有一位填留在上海總醫院的同學生病住院，據說是肺結核病，需長期休養。我們四人就連夜趕去找那位同學商量，請他與我對調，因此我才能留在上海總醫院做實習醫師。

我於民國 37 年（1948）六月底實習完畢，獲得上海總醫院實習及格證書。我申請留在外科工作，蒙系主任張先林博士同意，並昇任我為國防醫學院外科學系助教，兼任上海總醫院住院醫師。

當在實習時，有一個月輪派到眼科。眼科部主任是上海名眼科醫師郭本寬博士，人十分慈祥和靄，有

長者之風。有幾晚他經過眼科病房時，看到我在檢查
病人眼底，都會進來查閱我寫的病房病歷，並問些問
題。我昇任助教後，有一天眼科的李總醫師來告知郭
本寬主任希望我去任眼科第一年住院醫師。我立即欣
然同意，第二天就到眼科去上班。因為我本來就對眼
科十分有興趣，而且郭主任審查甚嚴，眼科當時並不
是任何人都可加入的。

　　不幸國內戰爭再起，一個多月後，大量傷兵湧進
醫院。外科總醫師鄧述微又向眼科要求將我調回外科，
參加繁忙的換藥工作。後來共軍迫近上海，學校奉命
遷往台灣台北。郭主任無意隨學校來台灣任職，使我
一直沒有機會再回到眼科學習。郭老師於我有知遇之
恩，但我未能承蒙教誨，迄今仍覺十分遺憾及抱歉。

下關悲劇

朱門酒肉臭，道有凍死骨。（唐・杜甫）

抗戰勝利了，全國歡騰慶祝，但歌聲尚未止息，內戰炮火卻已響起。炎黃子孫在自己國人的刀光槍影下，再度顛沛流離。日本投降四年後，中國大陸竟告變色。東望扶桑，西望德國，都從戰火廢墟中躍起，成為第一流強國，而國共還正在拚個你死我活的戰爭中。證明中國人雖有同仇敵愾的抗敵決心，卻缺乏同舟共濟的兄弟之情。

民國 37 年（1948）底，國共徐蚌會戰。國軍黃邱兩兵團被共軍包圍，軍醫署急令國防醫學院派外科手術組及裹傷組各兩組赴徐州前線救援。外科派兩位尚未結婚的主治醫師，中選者為盧光舜及徐運凱兩位。

盧光舜指定何樹康（第二年住院醫師）與我和一位實習醫師參加，另加一位助理員共五人成一組。兩手術組及兩裹傷組共約一百五十多人，當夜乘快車到

南京軍醫署報到。因戰況有變，南京到徐州的火車鐵軌已被破壞，不能成行，手術組遂奉令駐入一軍醫院中協助外科作業。

彼時南京在風雨飄搖之中，商家多已大門深鎖。滿街上都是買賣銀元的聲音，每個人走過去，口袋中銀元都在叮噹作響，聽起來好像一個在演奏的龐大交響樂團。物價一日多變，通貨膨脹像條巨龍，一飛沖天，民不聊生。我們手術隊駐在下關一小學的中山堂內，軍醫署所發的伙食費，要馬上購買成銀元，因為餐館結賬只收銀元。

盧光舜領隊在這風聲鶴唳情形下，遊興仍很大。在戰雲密佈中，我們全隊遊玩過中山陵、玄武湖、秦淮河、夫子廟等地。風景依舊，但心情全非，對景興嘆，興致缺缺。大家都隨便看看，希望趕緊收場，回駐地休息，同時也擔心明天是否能平安渡過。虎踞龍蟠石頭城古都，六朝金粉煙花之地的秦淮河，都因燎原的戰火失掉其原有的吸引力。

由蘇北逃難來的難民愈來愈多，南京下關早已人滿為患，連車站外四週都坐滿了難民。一夜大雪紛飛，突然在宿舍門外有人大喊救命，哀號聲音很大。佛云「救人一命勝造七級浮屠」，得知下關車站附近有人求

救，盧隊長命我同那人去看一下，若能幫忙急救，可伸出援手。

我跟著那人到了下關車站，他指著牆外雪堆，說下面有人求救。我掀開雪堆，下面是稻草，再掀開稻草，下面是堆破衣服。破衣下面是個人，但早已凍死，手足僵硬，回生乏術。我用手撥開屍體兩邊的雪，兩邊又有兩個凍死的僵屍。我不忍再去掀雪堆，讓他們安靜的去吧，希望西方真有一個極樂世界。

中國百姓何辜？清朝滅亡後，軍閥內戰，革命軍北伐，中日抗戰。中國近百年來，可以說戰爭連連，哀鴻四處，民不聊生。目前兄弟鬩牆之戰，愈演愈烈。政客們為何不能讓久經戰亂的炎黃子孫，安靜下來喘一口氣？

我虔誠的祈求，生命如螻蟻，道有凍死骨，這筆帳不知該算在誰的頭上？這一幕雪堆下面的人間慘劇，雖事隔五六十年，回首前塵，仍歷歷如昨，使我久久不能平靜。

國防醫學院派赴蚌埠之外科手術隊合影，作者
(右二)，領隊盧光舜醫師(左三)。1949.01 攝影

巧「主委」難做無米之炊

　　我在上海總醫院做了一年的實習醫師，畢業後又做了一年的外科學系助教，在協和醫院那種認真、嚴格且理性的臨床教學模式下，確實獲益良多。做了一年助教以後，才豁然貫通，原來外科就是這樣的感覺。

　　民國 38 年（1949）1 月，我被選為外科醫師伙食團主委。該團原來除本身伙食費外，還有國立同濟大學補助金，開始尚可惟持正常三餐。不幸世事多變，內戰方殷，通貨澎漲，法幣貶值，伙食費逐漸捉襟見肘。

　　物價繼續飛漲，法幣後來改為金圓券。政府明令百姓將黃金交回銀行，換金圓券使用。人民赤子之心，希望因此可使物價平穩，不受貶值之苦。但事與願違，希望成空，金圓券也迅速貶值。我記得曾揹了一梱金圓券上街，竟喫不到一碗陽春麵。

　　民以食為天，經濟崩潰，國家在危急存亡之時，

上海淪陷就在旦夕之間。一日中午，伙夫班長告訴我今天的伙食費「僅可將一鍋水煮開」。巧班長難做無米之炊，十分無奈。我只得張貼佈告通知散伙，將所有餘款買了幾瓶辣椒醬分給大家，聊勝於無。

十里洋場，不再是紅燈綠酒紙醉金迷的大都市。上海全市整日陰雲密佈，謠言四起，交通紊亂，散兵滿城。銀元叮噹之聲四起（與南京要失守時相同），法幣金元券成了廢紙，商家多已休業。

每個人都心知肚明上海即將易手。入夜燈光昏暗，像座死城。白天紅色公車雖然仍在運作，但人山人海，不勝負荷。因車內太擠，人們多由窗口爬進爬出。有人爬到一半，車子已開始飛駛。因此可看到很多乘客半身在車內，雙腿在車窗外的「奇景」。上海變成人間煉獄，人心惶惶如喪家之犬。社會失掉規範，人民失掉尊嚴。

不久之後，蔣總統宣佈暫時引退，國民政府準備移往台灣。民國 38 年 10 月，共軍在北京成立中華人民共和國。38 年 12 月，中華民國遷台。綿繡大地，突然變成一片紅色。

麻醉在台灣的萌芽

　　民國 38 年，大陸變色，國防醫學院由上海江灣奉令遷台。在搬運之外科器材中，首先運上船的，不是外科機器，而是一台麻醉機。遷台以後，雖然這架麻醉機無人問津，但仍然放置在手術室中，等待機會，以便發揮其故有功能。

　　回首當年，一般外科醫師雖深知麻醉的重要，但麻醉專業人材亦屬難求。知名的外科醫師係以玩票性質上上麻醉。年輕醫師多視麻醉為幕後英雄，出力而無名，永久居人籬下；對麻醉本身，視為雕蟲小技，不足為也，所以麻醉一科，遲遲乏人問津。

　　學校隨政府遷來台北市水源地之後，我入第一總醫院任第二年外科住院醫師。當時我一心想成為一個出色的外科醫師，日以繼夜抱著美麗的遠景，在外科領域中打拚。民國 39 年，有一天外科系主任張先林教授把我叫到他的辦公室，說：

　　「台灣外科要想發展，沒有專業麻醉醫師的幫助，是無法成功的。目前手術死亡率偏高，手術範圍限於四肢及下腹部，胸腔、顱內、及幼兒等手術根本無法施行。你不覺得台灣麻醉革新，是目前極應做的事嗎？我知道你做外科將近四年，且一切表現亦很成功，我只是問你有沒有轉做麻醉的意願，你可以詳細考慮一下再告訴我。」

　　我考慮復考慮，直到八個月後的 39 年底，才毅然決然的答應張主任捨外科而轉攻麻醉。心中當然有些失落感，好像從外科陣營中敗將下來，覺得別人也用異樣眼光看我。但我深深覺得張主任的高瞻遠矚是完全正確的。外科發展停頓，死亡率奇高，都卡在麻醉這一個關口。現在的確需要一個志願者，將關口衝開。

　　在這個長考過程中，幸有當時在手術室工作的女友（也就是內人），明智地認為現在學麻醉是一良好機會。因為外科人才太多，如果捨外科而專麻醉，將是台灣第一位麻醉專業醫師，可能比做外科醫師更有成就。她再三的鼓勵，是讓我決心轉行的重要原因。此外，當時曾力勸我專攻麻醉者，還有文忠傑主任，鄧述微局長及盧光舜主任等三位師長。對他們三位老師的勸導及指示，當永銘肺腑，終身不忘，特在此致誠懇之謝意。

　　於是在八個月後，我又走進張主任辦公室，告訴他老人家我的決定。他顯得十分高興，他說「本來你的外科做得不錯，捨去亦覺得可惜。可是現在你負有革新臺灣麻醉之重任，責任艱鉅，比學外科更有價值。希望你努力以赴，好自為之。」

　　自民國四十年一月開始，我停止一切外科工作，像一個苦行僧似的，整日埋頭在臨床麻醉及麻醉圖書之中，想早日從一陌生行業中摸出一條出路。當時協助我的是兩名護士，吳瓊英和劉振安。無怨無悔地在沒日沒夜的忙碌中，盡力完成每日的麻醉工作。

　　那時盧光舜主任已由美學成返國，為國內專攻胸腔外科第一人。開山劈路，擔任先鋒工作，均困難異常。但盧主任鬥志堅強，精力充沛，手術前正確之診斷，手術中慎重之考慮及手術後細心之照顧病人，實令人欽佩。手術之初期，麻醉時間常由早晨七時進入手術室，至晚上七時才帶著滿身醚味，走出開刀房。此時已萬家燈火，星斗滿天。有時連飯都無心去吃（可能因吸入乙醚過多所致），所需要的僅是蒙頭大睡一覺而已。

　　民國四十年代，麻醉機缺乏得可憐，和現在真不

可同日而語。麻醉劑僅乙醚及 Pentothal 而已。麻醉器材方面，所幸由軍醫署庫房中找出一大型麻醉用喉頭窺鏡，及成人用橡皮氣管內管一條，可是因存放過久，無人保管，橡皮甚軟，極易彎曲而致阻塞。現在動物實驗室用之氣管內管，都不知比那一支「元老」管強多少倍。但在當時，物以缺為貴，這兩樣東西被我視為無價之寶，價值連城，萬金不易之物。

施用乙醚行開放點滴麻醉法，當時真是十分困難。常在手術前一小時開始麻醉，麻醉中病人時睡時醒，喉口咯咯有聲，牙關經常緊閉，呼吸半通不通，瞳孔忽大忽小，脈搏時快時慢。真可說盲人瞎馬，夜臨深池，如臨深淵，如履薄冰。

麻醉一小時後，氣管內管有時仍不得其門而入。時而弄得血流滿口，間或牙齒脫落。有時發現病人腹部脹大，原來放了半天，氣管內管變成食道內管，祇得拔出，從頭開始，此時時鐘已敲九點了。真是「點滴復點滴，誰解其中味」？假使那時能像現在，三分鐘就可以放管子，那恐怕是世界上最美的事了。

民國四十年九月份開始，臨床麻醉工作佔了我時間之大部份。我再三詳讀哥德氏之吸入麻醉學，弄清楚吸入麻醉之分期。並參考麻醉文獻，學會了氣管內

管插入的各種要訣。摸索了數月，漸漸柳暗花明，對麻醉之興趣亦愈來愈大。再者，麻醉缺人，一般外科同仁又無心加入，因此他們對我均十分客氣及諒解，手術常在十分和諧的形況下進行，更增加了我學麻醉的決心。

在大家均不願學麻醉時，我放棄了多年想做外科聖手的夢，抱著我不入地獄誰入地獄的殉道精神，向張主任正式報告，決心以麻醉為我的終身事業。當然，張主任十分高興，並說若能反攻大陸，將一同到北平協和醫院工作。協和，是如何響亮而令人神往的地方，雖然明知可能是一遠期支票，但我仍抱著希望，祈禱能有那一天的來臨。

民國 38 年由上海江灣運台灣之全身吸入式麻醉機，國
防醫學院外科學系視為珍寶，惜無人會使用。

那段披星戴月的日子

　　民國 40 年底，台灣大學附屬醫院的林天佑教授由美飽學歸國，想在台大醫院開始胸腔外科手術，但苦無麻醉醫師協助，故遲遲不得進行。後經商得張先林主任的同意，我奉命攜帶麻醉機一台，到台灣大學附屬醫院主持麻醉工作。

　　這樣一來，工作更為繁忙。多半上午在第一總醫院工作，下午得趕到台大醫院協助林天佑先生上胸腔手術麻醉。盧光舜主任肺臟手術是由早上七點到晚上七點，而林教授的食道癌手術有時會從中午十二時到午夜，才能順利將病人送回病房。

　　我在回醫院的途中，常覺飢腸轆轆，但覓食無門，因街邊賣擔擔麵的小攤子也早已收攤了。好在台大醫院相距第一總醫院不遠，拖著疲倦的身子，踏著月色，伴著孤影，走回宿舍睡覺。

　　過去多少年來，弄不清楚人生究竟為什麼活著？

詩人說「人生如夢」，莎翁說「人生似戲」，國父說「人生以服務為目的」。現在雖然終日疲憊交加，卻因為在這瞬息萬變，浩如翰海的人寰中，自己能有滄海一粟之貢獻，感到無比欣慰。常在這般自我陶醉的阿 Q 精神下，渾然忘我而入睡。一覺醒來，精神抖擻，全身是勁，仍然在七點鐘以前，踏入充滿醚味的開刀房。

若在台大醫院的手術完畢較早，有時會和林天祐教授到附近小飯館中宵夜。兩杯啤酒下肚，頓覺飄飄然，同時亦沖淡了全天的辛勞。林先生工作認真，性格和藹可親，手術中對幫忙他的人，都十分客氣，絕無老氣橫秋，不可一世之表現。雖在手術十分危急情況下，仍能保持鎮靜，在成名的外科醫生中，真是難能可貴。回憶那段披星戴月的日子中，我們合作得甚為融洽。逝水光陰，雖已是幾十年前的事，但我仍保持著那股愉快的回憶。

因台大附屬醫院胸腔手術日見加多，麻醉工作實非我一人可以勝任，故要求該院派醫師到第一總醫院受訓。後經該院同意，於民國 41 年初派陳博約，翁廷銓及陳江水等三位醫師，到第一總醫院學習麻醉工作。

當時三位醫師均能潛心學習並廣讀文獻，經常討

論，全力見習。數月後就可獨當一面，單獨作業。故我去台大醫院的時間亦逐漸減少，持續到四十一年底出國為止。民國四十二年後，李光宜醫師由丹麥學成麻醉回國，繼有林溟鯤、趙繼慶、石全美諸醫師相繼加入台大麻醉陣營，使此萌芽之麻醉，逐漸茁強起來。

（編按：無獨有偶，在林天佑教授的回憶錄《象牙之塔夢迴錄》中，也有提及和老爸合作的故事，摘錄如下：

　　「在此，我也應向國防醫學院的外科部主任張先林教授，表達我由衷之感激。他不僅借給我們最新的麻醉器材，他更派麻醉專家王學仕先生，直接來協助我們的麻醉工作。王先生，每天上午，在國防醫學院從事麻醉工作，午後才到我們這兒來。因此，為了配合他的時間，我們把一切手術，都移到下午來做。當時，手術室內，沒有空氣調節設備，一到了夏天，就悶熱難當。尤其是，從下午一點就開始，這時正是最熱的時候。王先生經常拭著從他那微禿的頭頂上留下來的汗珠。但他永遠帶著微笑，表現著對工作愉快的情緒。我在手術中，更是熱得汗流浹背。手術衣溼透了，又再換一件。經常換過好幾次。」）

民國四十年，國防醫學院借給台大醫院 Ohio 軍用全身吸入麻醉機。八年後還回國防醫學院時，已是附件盡失，面目全非。

美 國 進 修

— 哥大長老會醫院

　　在國內忙碌的做了一年麻醉後，我於民國 41 年（1952），獲得美國醫藥援華會（現正名為美國在華醫藥促進局 American Bureau for Medical Advancementin China，簡稱 ABMAC）的獎學金，赴美國哥倫比亞大學進修麻醉一年。

　　哥倫比亞大學是美國東部常春籐大學群中之一的名校，其長老會附屬醫院是世界名醫集中之地。該院的麻醉部那時分為麻醉研究部和臨床麻醉部兩大部門，共有醫師一百五十多人，人才濟濟，高手如雲，大師級的人物很多。這是座我神往已久的麻醉寶山，希望不要空手而回。

　　四十多年前留美，在當時可稱為一件大事。不但蒙先總統召見並訓話，臨上飛機前，又蒙張先林主任及全體外科同仁到機場相送，場面盛大，十分溫馨。

我第一次出國，心中壓力甚大。孑然一身，單獨要去新大陸，真是做夢亦沒有想到過。心中喜憂參半，喜的是自己可以真正走入麻醉領域，那時美國麻醉為世界之冠，機會難得，實是可喜。愁的是「土包子」突然到一全新的世界中，英文又不太靈光，人地生疏，可真有點招架不住。

上了飛機後，想到現在箭已離弦，沒有退路，船到橋頭自然直，應該打起精神，鎮靜沈著，不可自亂陣腳。應該仰面挺胸，面對一切困境，自助自會有天助。沈思一刻後，心情豁然開朗。第一次喫飛機上的餐點，亦覺得津津有味，與家鄉的豆漿油條確實不同。

在我坐位的後面，有幾位到加拿大打工的香港乘客。那時飛機上沒有國語廣播，有很多事都要我幫他們解說，這樣一來，更增加了我的信心。一路上我將所看到不懂的英文單字全都寫在筆記本上，查清楚後背熟。但看到小孩子們穿的運動衣上寫的 ADIDAS，卻是個在字典上查不到的字，後來才知道這是個商業品牌。

民國 41 年 11 月到紐約，第二天就到醫院報到，並且立刻就要全心投入工作。

　　對一個初到紐約的人來說，長老會醫院真是一個「迷人」的醫院，因為走進去後有如進入一座迷宮，不知道有多大。醫院中人來人往，每人都顯得異常忙碌，連互相說話的時間都沒有。有好幾棟大樓，每幢高約二十層以上，樓與樓中間可互通，但通道各樓有異。從麻醉總部可到兒童醫院、眼科醫院、耳鼻喉科醫院及神經外科醫院等處，都有捷徑相通，但初來之人並不知道。

　　有一天早晨，我被派到兒童醫院，上一小孩的扁桃腺摘除術。我早晨七點鐘提著箱子想趕到兒童醫院，但直到八點鐘，我都還迷失在地下室像蜘蛛網一樣的隧道中，因為那隧道新近才粉刷過，一些路標尚未重新整妥。

　　大約上班兩個星期後才稍有眉目。後來總醫師派一菲律賓的女醫師和我一起工作，以便加入更忙碌的麻醉作業。她比我早來半年，英文亦比我好，早已進入情況，經她的協助，我才漸入佳境。

出國前在台北航空站（松山機場）攝影四位國防醫學院外科大老前排（左起二～五）盧光舜、文忠傑、張先林、鄧述微。

作者（前排中）手提著行李包，與外科同事們合影。

哥大長老會醫院

　　有一天早晨八點鐘，為韋伯斯特醫師（Dr. Webster）上一個面部整形手術的麻醉。韋伯斯特醫師曾是北京協和醫院整形外科主任，抗戰勝利後，我也曾在上海總醫院替他的病人上過麻醉。他是張先林博士的老友，十分愛中國，對我亦十分客氣。他一面手術，一面與我談天，主要談他在上海的情形。

　　當時的長老會醫院，雖然大名鼎鼎，名震全球，但麻醉監視器設備，幾乎是全無。對麻醉中病人之監視，完全靠麻醉醫師手眼並用，不停的測量。當我發現病人脈博變慢時，韋伯斯特醫師大叫「病人血發黑！」聽到這一聲驚叫，麻醉科大醫師都趕過來幫忙。主任Papper 亦立刻出現，發現問題出在昨晚工友將笑氧筒裝在氧氣接頭上，立刻將笑氣筒換下，裝上氧氣筒，即時給病人大量氧氣，病人血色馬上變鮮紅。

　　手術很快完成，病人亦很快清醒。我弄得滿頭大汗，心跳不止。韋伯斯特醫師脫了手套，走到麻醉機

前，對我說不要緊張，這種意外時常發生。同時因張先林醫師是他的好友，故約我星期六晚上到他家便餐。身居異域作客，遇到這樣溫馨的禮遇，使我終身難忘。

在哥大遇到一位更仁慈的老師，叫阿帕嘉（Dr. Virginia Apgar）。她是一位女博士，曾任哥大長老會醫院麻醉部主任，後改任婦產科麻醉部主任。她曾發明世界著名的 Apgar 新生兒狀況評鑑表，對出生嬰兒身體狀況之評鑑，十分實用，現在仍被全世界醫院婦產科使用中。

她本人在醫院大樓內有一私人圖書館，藏書甚豐，對麻醉科住院醫師開放，可在內閱讀，亦可借出。在上班時間沒有麻醉工作時，我大半時間都消磨在此室。她仁慈和靄，學問淵博，是位好教授，對人十分親切，亦是一位好朋友。

哥大附屬醫院夜間值班為五人一組，由麻醉資深住院醫師領隊。紐約市為一不夜城，夜晚急症病人比白天更多。一晚有一槍傷黑人，因腹部槍傷貫通，準備開刀剖腹探查。總醫師命令要上全身麻醉，並要放氣管內管。但因病人太胖，脖子太短，在氣管內管尚未插入氣管內之前，病人大量嘔吐，將喝入的「黃湯」及食物均吸入肺中，結果因呼吸阻塞而死。

　　病人家屬告到法院並要求巨額賠款，醫院因麻醉過失而敗訴。哥大醫學院及醫院當局緊急會商，發現這位出事的麻醉住院醫師，是由巴西來受訓，並沒有紐約市開業執照。從此事件後，醫院決定無紐約市開業執照的外來受訓者，一律暫停直接臨床工作。全院有七十多名醫師得到暫停臨床工作的通知，我當然是其中之一。

　　在長老會醫院做了三個多月的麻醉住院醫師，本來一切均已上了軌道，工作雖十分忙碌，但精神十分愉快。可惜好景不長，世事多變，因發生了這個意外事件，遭到池魚之殃。哥大將我的職稱由代訓醫師改為見習醫師，每日上午到手術室祇能參觀，不能自己動手去做，更不能參加急症值班。

　　我每天下午無事可幹，閒得發慌，就在紐約坐地鐵大玩起來。逛遍了唐人街、自由神像、中央公園、電影音樂城、各種博物館、摩天大廈、大百貨公司等。我住在長老會醫院附近，有時沿百老匯大街往下城走，走累了可乘地下火車，很快可到曼哈頓最繁華的地區下車。梅斯百貨公司（Macy's）對門是金寶公司（Gimbels），一個百貨公司可逛上一天。

　　在紐約市玩了大概一個月左右，興味索然。有一天忽然驚醒，覺得這樣下去，雖然混一年亦不會有人來過問，但實在對不起每月一百七十五元的美國獎學金。而且入寶山卻空手而回，也有愧於心。我想來想去，覺得也許可以向阿帕嘉醫師求助，於是便到哥大醫院她的圖書室等待她來。

　　中午她來圖書室休息，我告訴她我現在的困境。她明白之後，立刻拿起電話，打到威斯康辛大學麥迪遜分校（UW-Madison）醫院麻醉部，談了不到十分鐘，我的問題就解決了。她要我立刻到威斯康辛州麥迪遜城去，我可以到大學附屬醫院當一年的麻醉住院醫師，主任是 Orth 博士。

　　沒有想到事情這樣順利，但我的獎學金已用了四個月。臨走前我到百老匯大街上的美國醫藥援華會辦公室，會見總幹事劉孔樂先生，告訴他我現在的情況及到威斯康辛的事情。他聽了十分高興，而且認為我能自已找到醫院工作很了不起。當然他亦問過哥大我在那兒工作的實際情形，因為韋伯斯特醫師當時亦是醫藥援華會的董事之一。而最讓我料想不到的，是他說我前四個月的獎學金援華會承認為津貼，到威斯康辛之後從頭起算，我可以再拿一整年的獎學金。

No. 23　Columbia-Presbyterian Medical Center, 168th St., B'way, N. Y.　(c) Wm. Frange

哥倫比亞大學長老會醫院
(Columbia-PresbyterianMedicalCenter)

大學城 ── 麥迪遜

民國 41 年（1952）5 月初，我搭乘灰狗公路局汽車，到威斯康辛大學醫院麻醉部報到。歐士博士（Dr. O. S. Orth）表示熱烈歡迎，並已為我安排好了一間宿舍（住院醫師食宿免費)。我當晚搬進宿舍，第二天早上七點鐘就去上班。

麻醉同仁七點至七點三十分，包括部主任在內，相聚在地下室餐廳早餐，同時討論昨天晚上的急症病人及今日麻醉的病例。我發現這裡的氣氛十分輕鬆，沒有在哥大長老會醫院那麼匆忙及緊張。

威大麻醉科約三十人左右，其中有一麻醉研究組。原來的科主任是著名的麻醉專家瓦特博士（Dr. Ralph M. Waters)，他是美國麻醉開山鼻祖，發明了很多臨床應用的麻醉器材，並引介了各種臨床應用的麻醉氣體及麻醉劑，對麻醉貢獻甚偉。

瓦特博士亦是美國的第一位麻醉學教授，許多美

國大學醫院的麻醉部主任都曾受過他的訓練，哥大的阿帕嘉博士就是其中之一。因此麥迪遜的麻醉科素有美國「麻醉之家」的美稱。但我到威大時，瓦特博士剛好退休，覺得十分遺憾。

1950 年代，美國醫生學麻醉的也並不多，麻醉的主力之一是麻醉護士，尤其在較小的醫院。威大沒有用麻醉護士上麻醉，因此麻醉醫師的工作十分忙碌。第一年住院麻醉醫師有六位，除我之外，還有來自巴西、阿根廷、及南非等地的外籍醫師，所以外人戲稱我們是聯合國。

下班後，大家玩在一起，天涯同命，大家互相協助，互相容忍，相處得十分融洽。工作雖然忙碌，但生活過得十分踏實。我的英文較前已有顯著的進步，聽力方面進步最快，不再怕接聽電話。其實在我們這一群外來的住院醫師中，我的英文還是最被看好的。

時光飛逝，一個月過後，我居然在信箱中發現了一張五十元美金的支票。我拿去給歐士博士，告訴他我有獎學金，原則上不能再收任何酬勞。除非美國醫藥援華會同意，否則我將把支票退回醫院。

歐士博士馬上拿起電話，打給劉孔樂先生。他說

我在此工作十分努力，學習認真，按第一年麻醉住院醫師任用，我每月應該有五十元生活津貼，希望援華會同意。後來劉孔樂先生說沒有問題，但這五十元我得報稅，回國前應經過美國國稅局審查才可。所以現在我每月的收入變成兩百二十五元，真是塞翁失馬，焉知非福。

麥迪遜城是威斯康辛州的州政府所在地，是一座大學城。它位在「夢諾娜」（Monona）及「夢到她」（Mendota）兩湖之間，是美國最美麗的城市之一。

我到達時正是麥迪遜的五月。這真是迷人的五月，春暖花開，鶯飛草長。而湖四周楊柳弄姿，花木扶疏，清風徐來，水波不興。可能有點像《老殘遊記》中的濟南市，「四面荷花三面柳，一城山色半城湖」。是老人垂釣、情侶依偎的最佳去處。

那時我立下一個願望—假若我有機會結婚，我一定來麥迪遜渡蜜月。後來雖然未能如願，但 1983 年長子來讀博士學位，內人曾在此地住過一年多，亦算還了我一個心願。

不過天下事並沒有絕對美好的。麥城從每年十月以後，開始下雪，到次年四月才停。差不多有半年的

時間在雪中渡過，由台灣來的人十分不慣。但來年四月以後，麥城無處不開花的美景，滿可以補償冬季寒冷的不快，不知你是否同意？

在麥城一年多，於各方面照顧我最多的是安巴登副教授（Dr. Ann Bardeen)。她博學多才，亦師亦友，很多週末我和一位英國來的副教授相約到她住處吃飯、閒談，消磨很多時間。對一個異鄉學子來說，解除了無限的孤寂與鄉愁。她深愛中國，對中國的事與物都十分好奇。雖已相隔四十多年，但她對一個異鄉人的教導、愛護，至今仍長記在心。仰首雲天，祝她耄齡之年，健康永駐。

時光如流，歲月不居，在麥城已住了一年多，又是春光明媚的五月，麥城無處不開花的季節。我獎學金的時限已滿，但因部內人手奇缺，歐士博士再三要我多留一段時間再走。我打電話到美國醫藥援華會，劉孔樂先生說最多可再停三個月，不能再延，因台灣方面亦正在等待我回去，並且美援會獎學金不能再發。我欣然同意。

最後三個月，我多做心臟手術麻醉，獲益匪淺。直到要離開前，歐士博士仍勸我留下，並說會給我最優厚的待遇，及助我得到碩士學位。但人無信不立，

做人誠信第一。那時我尚未結婚，張先林主任相信我一定會返國。我是第一位奉命來美學麻醉的人，負有開拓台灣麻醉發展的使命，使台灣外科不因麻醉的限制而不能展翅騰達。使命如此重大，不論留下的條件如何吸引人，我仍毅然決然的決定返國。

大事已定，歐士博士後來亦認為誠信第一，不過他說隨時都歡迎我回來，還送我貳佰元路費，以壯行色。此外，他還預先通知幾個大學醫院的麻醉部，說我要去參觀，希多協助。因為他們都是從「麻醉之家」訓練出來的，可說是我的師兄弟，又是校友，所以我每到一處，食宿都免費，而且停留時間沒有限制。因為麻醉醫師每處都甚缺，他們都希望我不要走。50年代缺麻醉醫師之狀況，可見一般。

若不幸那時決定留下，不返回台灣，我一定會良心難安，最後可能因心中有愧而惶惶終日，一事無成。常言福禍相倚，現在我永遠坦坦蕩蕩。人生何求？佛陀教誨人們說「人的幸福，唯有心安而後可得」，這句訓詞，實為至理名言，千古不變。

（編按:Madison，一般音譯為「麥迪遜」，但也有人—據說是曾任威大東亞系主任的周策縱教授—較詩意的譯為「陌地生」，把 Mendota 譯為「夢到她」的，據說也是他。）

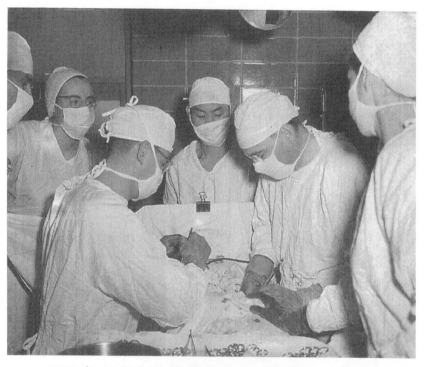

1953 年 6 月作者(靠牆中間)於威斯康辛大學附屬醫院為病患心臟手術上麻醉的情形。

馬尼拉遇劫

　　民國 43 年（1954），大概是四月中旬，我乘丹麥貨輪 MAERSK 號由洛山磯返國。同行有中油公司李工程師及國防醫學院梁教授。另有五位外國人，其中兩位是女傳教士，她們不過聖誕節，好像是基督教中白塔派信徒。

　　這艘貨輪，規定只能載八名乘客，且其中一定要有一名醫師，我就頂上那醫師的位置，票價比較優待。因為是貨船，航行很慢，而且沿途各碼頭要上下貨，所以更慢，為著省錢就得忍受這種浪費時間的不快。走了差不多三個星期，才到菲律賓的首都馬尼拉。在此要停一個星期，然後聽說再要轉到日本大阪，真是愈走愈慢，雖然歸心似箭，但莫可奈何。

　　船上的八位乘客相處十分融洽。船上有乒乓球桌，可相互比賽球技，有時挑戰丹麥水手及船員比賽，十分熱鬧，也消磨一些無聊的時間。船行第三天，我開始暈船。好在我帶了多粒暈船藥 Bonamine，服一粒後，

稍睡片刻，暈意全消，行走和在平地上完全一樣，十分神效。這藥原是美國軍中的秘密藥品，第二次大戰中，在法國羅曼迪登陸時，此藥曾建大功。現在公開銷售，實是一大福音。

當船到達馬尼拉港口時，大家興奮的不得了。人究竟是陸地上的動物，終日漂流在海上，總覺得有欠安全。馬尼拉華僑很多，到此地等於到台北一樣，我想中國餐館一定很多，一定可吃到大魯麵、水餃、蔥油餅等可口佳餚，沒有下船已心花怒放了。

船慢慢靠岸，警察及移民局官員上船查過以後，宣佈乘客可以上岸。大家都迫不及待的跑到岸上，站在地上，那種滋味，有說不出的好過。我們正在享受那片刻的美好時光中，突然兩個年輕漢子，大約二十多歲，跑來將兩女傳教士的手提包搶走，然後立刻跳入水中，迅速游走。我們幾個男士大喊捉賊捉小偷時，岸邊的警察過來說，你們先上街玩，護照會還給你們的。憲兵卻在那裡站著笑，並叫我趕快離開岸邊，注意皮包。

那是1954年，菲律賓在戰後十分貧困。放眼望去，到處是廢墟。大白天，應該是上班的時間，但多數民眾都閒坐在街旁等待工作。後來才知道警察憲兵與小

偷互相結合，故作視而不見任其搶劫，大家分肥。人窮志短，很多人都在半飢餓狀態，這亦無可厚非。

當天晚上，我和李工程師及梁教授同去看了一場電影。散場後已是午夜十二時，走出斷垣殘壁的城牆，夜色昏暗，好像進入一個墳場。突然看見黑影幢幢，約有二三十個人圍上我們三人。他們兩個在前先狂奔，衝出重圍，而我殿後遲了一步，被兩個矮鬼抓住不放。

好在菲律賓人個子矮體弱，而我正值壯年，年輕有力，身高體壯。他們一個人抓著我的上衣領子不放，想將西裝上衣剝掉，另一個傢伙抓著我的右臂不放。我想現在若不奮力掙脫，若再有來人，後果可不堪設想。

我先用全力將右手掙開，轉身一拳，將第二個矮子推開，全速奔回丹麥 MAERSK 商船上。他們兩人亦回來不久。若不能脫身，後果一定很慘。因為很多人在飢餓狀態下，搶劫恐怕是他們求生的不二法門。春秋無義戰，這是戰爭害人，是人類的悲哀，夫復何言。

一九五四年搭乘 MAERSK 貨輪回台的途中所攝。

台灣麻醉的成長

　　民國 43 年，我由美歸國以後，便開始從事國內麻醉醫學的「拓荒」工作。當時雖然有兩位麻醉護士，吳瓊英及劉振安小姐協助我，但實在難以應付龐大的外科作業。因此首要任務便是增加人手，尤其需要更多醫師參與。然而當時的醫科學生視麻醉為冷門科系，不屑一顧，願意進入此行者極少。

　　約半年後，始有汪福南醫師自願加入，麻醉住院醫師制度才正式建立。同時我發起台北市麻醉病例臨床討論會，聯合台大醫院、空軍醫院及地方麻醉醫師共同研討。每週一次，由各醫院輪流負責舉辦。第一次在小南門陸軍第一總醫院外科部舉行，張先林主任特令外科部準備茶點招待，以示熱心協助及贊同。此會年來雖稍有變更，但數十年如一日，仍繼續舉行。

　　用乙醚做全身麻醉，病人甦醒期甚長，急需麻醉恢復室。蒙外科部張主任及護理部周美玉科長協助，我於第一總醫院成立台灣第一座麻醉恢復室，記得第

一位負責該室的護理長是林家琼女士。手術後的病人於麻醉未清醒前可轉入此室，由麻醉護士負責護理。待病人完全甦醒後，再送回病房。

　　此室之設立，乃麻醉中一大進步，不僅增加一般人對麻醉之重視，同時更增加麻醉後病人之安全。後因多數較大的手術，如胸腔、腹腔、及腦部手術的病人，需在恢復室停留較久，經院方同意，將床位擴增為八個病床（原僅四個)，並派人員日夜值班，而變成台灣醫院之第一個加護病房，第一屆護理長為秦慧珍小姐。

　　在麻醉技術及用藥方面，我首先介紹箭毒素之臨床應用，使氣管內插管由難變易。之後又引進快捷肌肉鬆弛劑，使氣管插管更為迅速。其後再陸續介紹臨床應用各種台灣從未用過之麻醉劑，如笑氣、三氯乙稀、福祿仙、及朋腄靈等劑。

　　這些新技術及藥劑均在小南門第一總醫院及中心診所首先應用。凡第一總醫院使用過之麻醉劑，國內其他醫院才陸續開始使用。當時第一總醫院成為國內麻醉中心，國內各教會醫院紛紛送醫師來受訓，為期半年或一年。軍醫署亦徵調各總醫院上尉以上軍醫來院參加受訓，為期亦是半年。

　　突然間，全國由陳舊的麻醉觀念中醒了過來，革新麻醉，安全麻醉，成為台灣所有大型醫院的訴求。專攻麻醉的醫師日漸增多，在第一總醫院開始麻醉住院醫師制度後，先後計有金華高、何維柏、彭碧岳等醫師加入。國防醫學院的麻醉教學，亦與外科分開而獨立，每學期有十八個小時麻醉課程。醫院內實習醫師及見習學生，每期亦有兩周輪入麻醉科實習。眼見振興麻醉有望，我心中十分欣慰。

作者於麻醉討論會中，介紹麻醉劑福祿仙臨床應用

榮總麻醉科

民國 46 年（1957），我參加行政院輔導會榮民總醫院籌建計劃，隨張先林主任到福州街榮民醫院籌備處開會。主要會商手術室，麻醉誘導室及加護病房之位置，格局及其中之設備等。與會者計有盧致德院長、王紀民副院長、周美玉科長及張德霖建築師等人。回首前塵，其景如昨，但人物已非，吾師張先林博士及盧致德院長均已逝世多年。日月如梭，時不待人，不禁令人有滄海桑田之感。

榮民總醫院準備於 48 年中開幕，手術室有八間，但麻醉醫師難求，因此我決定先訓練一批麻醉護士，慢慢再登報請麻醉醫師。當年美國醫院亦聘用麻醉護士來補醫師之不足，尤其是私人醫院，因待遇關係，聘用更多麻醉護士來代替麻醉醫師。美國有麻醉護士學會，亦出版麻醉護士學會雜誌。經過嚴格訓練後之麻醉護士實為麻醉醫師之最佳助手，對麻醉藥品之保管，麻醉機械之保養，手術室環境之維護，麻醉護士皆為最佳人選。

　　榮總麻醉護士訓練班第一期招訓七人，由國防醫學院麻醉學組負責。47 年 10 月中開訓，訓期六個月，於 48 年 4 月結業。同年榮民總醫院開幕後，旋即加入外科麻醉作業。當時雖有第一總醫院麻醉同仁相助，但七名麻醉護士之參與，實為麻醉工作不可或缺之主力。

　　民國 50 年左右，國內肺結核病患很多，僅各榮民之家的患者，就有上千名之數。行政院輔導會希望盡快治療此類病人，多次研討之後，認為最快最有效方法是施行外科手術。目標決定後，手術立即開始。用三個手術室，每室每日行兩例胸腔手術，一星期可行三十多位病人。

　　半年下來，榮民之家的結核病人，需要開刀的，都已清除。但這半年是麻醉科最忙碌的一段時間，真可以說忙得昏天黑地，精疲力盡，幾乎每天都得有人加班。不過能協助將榮民弟兄疾病根治，使這群曾經捍衛國家的英雄恢復健康，忙碌的代價是值得的。

　　日子過得十分艱辛，但天助自助者，因有丁守瑜醫師首先自願加入榮總麻醉科工作，使麻醉漸有起色。後陸續計有高政夫、魏梅峰、劉茂和、李德譽、梁灝

根、蔡勝國、及牙醫畢業，但有志於麻醉工作的曾家順諸醫師加入，使麻醉科漸入佳境。同時麻醉護士訓練班繼續開辦，先後計有七期，在我退休時已開始第八期，受訓護士共計一百零三人。

麻醉革新火焰，燃遍了全島。各個教會醫院，如花蓮、彰化基督教醫院，以及大型私人醫院陸續送醫師到台北榮總代訓。馬階醫院並送五位護士參加榮總麻醉訓練班受訓。我並兼任馬階醫院麻醉主任有五年之久，協助該院成立麻醉科及加護病房。

代訓醫師時間最短一年、最長三年，先後計有十多名醫師來院受訓。加上原先在小南門第一總醫院代訓之多位醫師各自返回醫院後，對全島地方醫院之麻醉工作，已立即起劃時代性之革新及改進。因麻醉發生之不幸事件，業已大減。

星星之火，可以燎原。沒有想到張主任先林博士堅持要發展麻醉，他燃的這把火，已經照亮了整個台灣。若他在世一定會覺得十分欣慰，同時我亦好安慰他老人家在天之靈。

目前時代在變，與四十多年前情況完全不同。麻醉工作漸被社會大眾所重視，多數病患知道麻醉的重

要性不亞於外科。麻醉科由冷門變成熱門，外科由熱門而漸漸降溫。麻醉以浴火鳳凰的姿態，自艱苦環境中躍起，中外情況相差無幾，美國不過躍起較早而已。

麻醉護士訓練班第一期結業合影，前排右六起為盧致德院長、護理部周美玉主任、作者。

考察各國麻醉

　　我自美返國十年間，由於推動台灣的麻醉工作，進步神速，頗得好評。1964 年，洛克菲勒屬下的美國中華醫學理事會（China Medical Board, CMB）提供我六個月的獎助，讓我到世界各國的醫院考察麻醉醫學的發展。外國醫學比我們進步，能夠到國外看一看是很好的事。

　　同年四月，我首先到日本大阪及東京大學醫學院訪問一周，發現他們也是從錯誤中學習新的東西。之後到美國，從舊金山開始，訪問加州大學舊金山分校、史丹福大學、芝加哥大學、紐約哥倫比亞大學、及波士頓哈佛大學等十四所大學醫學院附屬醫院的麻醉部。在美國參觀了五個多月之後，又到加拿大魁北克McGill 大學看了一星期。

　　由於醫藥援華會理事會的負責人與張先林主任是多年好友，又給我一個月的獎助，讓我到歐洲參觀。我接著到英國倫敦，之後到比利時、丹麥、義大利，

最後是法國。回程時，我經過開羅，原本計畫獨自旅遊，沒料到碰上埃及共黨官員的洗劫，還好遇到好心的老美 Jack 解圍，才得以脫困。

我考察回國後，帶回了一套新的喉頭鏡（Laryngoscope）和氣管內管（Endotracheal tube)。從此，手術麻醉對呼吸道（airway）能做有效的控制，也可以開胸、背部，臉部和頸部的手術也不再只能在局部麻醉下進行了。

第二次去美國時，曾經參加了美國 ECFMG（The Educational Councilfor Foreign Medical Graduates）的考試。這是專門為外國醫生舉辦的考試，通過後取得證書，就可以申請在美國醫院任職。

1966 年，我取得了證書，當年我在威斯康辛大學的老師，後來當上威大的麻醉部主任，要我到威大進修兩年。我想修個碩士，不想修博士，他說：「沒有問題，你來我醫院，管吃管住，每周三天在醫院做臨床，另三天做自己的事，看看書，不到兩年，你就可以寫一篇很好的文章。」我準備就這樣去，他知道我的身材大小，連制服都幫我準備好了，只要我人去就行了。

我把進修的計畫告訴張先林主任,他想了半天說：

「我是可以答應你，但官邸方面恐怕不會答應。不過，我可以幫你去談談看。」那時候老總統的健康沒有甚麼太大的問題，而且我預計兩年不到就可以回來。沒料到申請案送上去之後，官邸方面極端反對，傳來的訊息是「不能讓他走。」遇到這種情況我也沒有辦法，我是軍人，必須服從長官。也算是官邸方面看得起我，我還算是個有用的人，便打消了出國進修的念頭。

（本篇摘錄自《台北榮民總醫院半世紀──口述歷史回顧：下篇：各部、科、中心主任與教授》，中央研究院近代史研究所出版，2011，頁 37-38。）

作者與威斯康辛大學醫院麻醉部同仁

我對針灸的看法

　　身為龍的傳人，炎黃子孫對老祖宗遺傳下來的針灸應該有更深一層的認識。針灸一道，雖然中醫應用有年，西方醫學界對其仍持懷疑的態度，但自從 1972 年美國前總統尼克森訪問中國大陸，探得中國針灸術之奇妙以後，引起美國醫界一陣瘋狂研究針灸之風。

　　美國麻醉學會三十多人曾組團到大陸各大都市參觀研究，訪問了三、四個月，寫了不少報告。我也看了，其中的結論是針灸和麻醉不一樣，手術即使採用針灸麻醉，還是需要上麻醉劑，他們不太相信大陸的針灸。

　　與此同時，榮民總醫院外科部對針灸亦開始著迷，並已設有針灸門診。我那時奉命參加總統的醫療團，孔二小姐主張到日本去看看他們的針灸麻醉，是否對老總統有幫助，蔣夫人也贊同。剛好日本大阪醫學院麻醉科教授兵頭正義到榮總來，他寫的有關針灸麻醉的文章最多，也邀我去看看。由於各方面來的壓力，

研究針灸麻醉，勢在必行。

　　其實針灸在台灣已施行很久，大多數有名中醫，均用針灸替人治病，行之有年。我也曾花了很多時間，到各處名醫診所，參觀其針灸施用之方法。但很多診所拒絕參觀，多抱十分不合作的態度，使人不懂。

　　參觀了幾處診所以後，我發現確有很多問題有待改進。第一他用的針沒有高溫消毒，而且重複給病人施用，相當危險。台灣肝炎病人很多，若針沒有經過消毒處理，其後果堪慮。我親見一醫師從自己口袋中拿出針，直接由病人褲子外面刺進腿中，確有加以檢討的必要。中國針灸應該科學化，針灸之針首先應經過高溫消毒，或者用後即棄之針，絕不可一針多次使用，以防傳染其他病人。

　　1972 年中，我獲得中央研究院資助旅費，赴日本大阪醫科大學參觀見習一個月。先在兵頭正義教授的診所及大學附屬醫院參觀三周，接著在大阪附近針灸專門學校參觀一週，並購得一套針灸儀器返國。

　　回國後我即開始研究用針灸代替現在的西法麻醉。在榮總約有八個多月的時間，全部投入針灸麻醉的研究。可惜在很多病例中，針灸與西法麻醉相差仍遠。

其主要缺點有四，其一為使病人得「氣」，費時太久，外科開刀有時要搶時間，病人不能等；其二為仍需大量鎮靜止痛劑合用(大陸亦同時用鎮靜止痛劑)；其三，麻醉時間無法控制，效力隨時可能消失；其四，同樣病例，應用同樣穴道，不一定同效。

在八個月的期間中，有九十多位病人接受針灸麻醉，但不是百分之百的成功，還是同時要上麻醉。只有本院的兩位護士病患，開鼻中隔手術僅用針灸麻醉及少量的止痛劑，其餘的都喊痛，非要上麻醉不可。因此，外科醫生大都不同意用針灸麻醉，我們做了十一個月就喊停了。

針灸在我國有數千年歷史，確有其存在價值，但其真正作用之機轉，仍十分玄妙，需要用科學方法，繼續研究，以擴大其真實功效，造福人群。

麻醉新知引介與出版

　　當年國內麻醉教材奇缺，中文的麻醉書籍更少。我把在國防醫學院教學的講義，詳加整理，編寫成《實用麻醉學》一書，由張先林教授審閱並寫序。此書得到盧致德院長的贊助，於1961年初由榮民總醫院發行。這本書還滿管用的，輔導會所屬各醫療機構的醫務同仁都要參考，印第一刷後，曾再版五次。

　　之後，由於麻醉術的進步，麻醉劑及輔助麻醉藥物種類繁多，應用適當，可以使麻醉工作進行到完美的境界；偶一不慎，輕者可能引發諸多併發症，增加麻醉及手術的困難，重者可能致死。

　　為了讓麻醉工作者充分了解各類藥品的藥理功能，我根據1963年Merkel及Eger對臨床麻醉「肺泡中之麻醉劑最低濃度」（Minimal Alvolar Concentrations, MAC）的介紹，以及當時的臨床麻醉劑、輔助麻醉劑、及急救藥品等，編寫了《實用麻醉藥理學》一書。盧院長，張先林教授都幫我寫序，丁守瑜醫師、顏雪雲

女士協助編排，榮總麻醉護士訓練班第三、四期的同學也幫忙校對。這本書在 1968 年 4 月由中華書局出版。後來在我到中心診所服務的期間又做了修訂，於 1983 年再版。

由於麻醉醫學的發展，以及臨床麻醉的日新月異，1972 年十月，我在榮總麻醉科主任任內，再完成了《最新麻醉學》一書。其中兔唇及顎裂的一章由高政夫醫師編寫。麻醉科丁守瑜、李德譽醫師，以及顏雪雲副技師幫忙編排，麻醉住院醫師、麻醉技術員及麻醉護士訓練班第六期同學也協助校對。他們的鼎力幫忙，讓我感激不盡。

治療總統打嗝

　　民國 61 年（1972）初，我奉命參加總統士林官邸醫護特勤專案小組，其中共有榮民醫院醫師十二人，包括內科、心臟科、外科、神經外科、泌尿科及麻醉等科，由神經外科的王師揆主任為組長。

　　在我參加總統醫療小組之前，老總統有打嗝的毛病，演講時碰到打嗝，講了「親愛的軍民同胞們」後，演講無法繼續，非常麻煩。張先林主任叫我想辦法幫他止嗝，當時我看到有本書介紹，只要吸笑氣就可以不打嗝，我就讓總統試試，果然有效。

　　之後，老總統一有外賓的接待，為了防止打嗝，接見之前，他會喊：「Doctor！」我馬上過去協助，讓他吸兩口笑氣。後來他打嗝比以前嚴重，我又得另找妙方。我從麻醉書上發現，只要放一條管子達到喉頭那裡，就可以有效止嗝。我拿了根導尿管，放到他鼻

子裡，他點點頭說好。其實任何管子都可以用，只是導尿管材質比較軟，而且比較短。

（本篇摘錄自《台北榮民總醫院半世紀──口述歷史回顧：下篇：各部、科、中心主任與教授》，頁 42。）

總統醫療小組回顧之一

　　1970 年，老總統為攝護腺肥大所苦，那時國內還沒有電刀切除術，不曉得是誰出的主意，找了一位美國駐日本海軍泌尿科上校替他開刀。據說這位醫師曾開過一百多個病例，他帶了一位麻醉醫生來台，幫老總統開攝護腺。

　　當時開刀麻醉不能超過一小時，這個醫生醫術不怎麼樣，搞了兩個鐘頭。手術的結果，開壞了。小便有出血現象，攝護腺也經常發炎，對老總統心理打擊很大。此後，老總統的身體狀況更不如前。

　　後來又請了美國著名的泌尿科 Nesbit 教授來台，他是一位老醫生，也是之前那位海軍泌尿科上校的老師。他與鄭不非醫師（當時榮總泌尿科主任）一起為老總統治療。但是老總統的攝護腺已經沒有辦法修補了。一個老人家小便出血、漏尿、又化膿，怎麼受得了？後來裝了個導尿管，但導尿管是一個刺激性的東

西，當然不舒服。

1972 年初，就成立了總統醫療小組全時照護。當時，醫療小組一天二十四小時都有醫師在官邸輪班，每人八個鐘頭。大老星期天不用輪值，我跟譚柱光（當時榮總內科主任）比較年輕，輪值的時間是一天加一個星期天。我們兩位一星期要輪班兩天，每次八小時，晚上一節是四小時，還有一位護士陪同。

我也給老總統上過麻醉，因為攝護腺化膿時常要處理。我們原先以為總統很兇，實際上他對醫生、護士都很仁慈。對醫生也很尊敬。我們對總統家庭生活情況知道的不多，不過我常看到蔣經國到官邸。他一來就向老總統請安，喊：「阿爹好！」那時經國先生是行政院長，任內正在興建高速公路，總統會詢問他有關高速公路的工程進度等等。

官邸有一個人專門為老總統讀報，讓他瞭解每天發生的新聞。吃飯的時候，除了總統之外，還有蔣夫人、孔二小姐，加上輪值的醫生。有時候，他香蕉只吃半根，另一半就留著晚餐再吃。那時候總統上廁所需要人扶抱，侍從副官翁元還要隨手把廁所擦乾淨。

擦拭的時候不得多用衛生紙，用多了總統會說話：「衛生紙是民脂民膏啊！你不要這樣浪費啊！這些都是老百姓的錢啊！」他數落翁元，我們在外面都聽得清清楚楚。

總統的衣服、襪子穿破了，也捨不得丟，就叫副官送去給負責裁縫的補一補再繼續穿，非常節儉。他說：「我有舊衣服，就穿舊衣服，再買新衣服要花老百姓的錢。」這些都是我們親耳聽見的，絕不是故意胡謅。從這些小事情來看，你不能說他不是一個好總統。

總統最喜歡唐詩三百首。這本唐詩他放在床邊隨時翻閱，還親自朱批圈點。書的封面都翻破了，副官又用牛皮紙重新做了封面。後來，他身體衰弱，沒力氣捧書，就叫值班的護士駱小姐朗讀。她是榮總開刀房的副護理長，在學校曾參加過朗讀比賽，聲音悅耳。

有時駱小姐碰到不會念的字，讀不出來時，老總統會很溫和的教她。老總統最喜歡的詩人是李商隱。他興致一來，也會叫我們醫生背詩，例如「相見時難別亦難」之類的。

（本篇摘錄自《台北榮民總醫院半世紀——口述歷史
回顧：下篇：各部、科、中心主任與教授》，〈王學仕
先生訪問記錄〉，頁 42-45。）

總統醫療小組回顧之二

　　1972 年 7 月，我記不得是哪一天中午的十二點，盧致德院長突然打電話給我，說：「學仕啊！趕快到榮總來，醫院門口有部救護車，你立即趕上山去！」我心裡明白大概老總統出問題了，連飯都來不及吃，就叫了部計程車趕到榮總。

　　到了榮總坐了救護車上山，不料車子半路拋錨，我只得在路上攔了部車趕上山。抵達時，在門外就聽見老總統呼嚕呼嚕的喘氣聲。我看他臉色蒼白，由兩個阿兵哥攙扶著。蔣經國、夫人、和孔二小姐跟在後邊，低著頭不知道該怎麼辦。

　　那時我沒有看到任何醫生在場。老總統看到我來了，也沒講話。我當機立斷，說：「把擔架抬來！」要士兵把老總統抬到房間去，兩腿抬高，讓他用氧氣罩呼吸。我在美國有心臟開刀麻醉的訓練，老總統這種狀況很明顯是心臟衰竭的跡象。只有兩種方法可以急救，一是毛地黃，一是鎮靜劑。

　　我要護士以一般劑量 10cc 的十分之一配成兩針注射，因為總統年紀太大了只能打 1cc，經過注射後總統呼吸慢慢順暢，臉色也漸漸紅潤，胸聽診的水泡音也消失了。接著，總統開口對我說：「現在很好！現在很好！」夫人等終於鬆了一口氣，坐下來休息。

　　他們之前擔心發生危險，我說：「沒問題了！」盧院長也打電話來關心，我告訴他：「好了，沒有問題了！」這件事只有盧院長知道，當時心臟科醫師都不在場，全由我一人處理，終於轉危為安。

　　後來心臟科、外科醫生都趕來了。他們到了之後，我才離開。經歷這次事後，我終於明白，為何我要離開榮總，官邸不讓我走的原因了。

（編按：以上這個故事，是十多年前的某個下午，我和太太陪老爸到士林官邸賞花時，他在正館的鐵門外說給我們聽的。多年來老爸從沒有主動跟我們提過當年官邸中發生的事，但那天他的興致很高，說得津津有味。也許是憋得太久了，不吐不快吧。

可惜當時我沒有把他說的話好好記下來，如今有些細

節已模糊不清了，真是「此情可待成追憶，只是當時已惘然」。好在中研院近代史研究所的口述歷史回顧中，也記錄了這個故事，可補我記憶之不足，在此僅致謝意。）

總統醫療小組回顧之三

　　1972 年八月間，老總統又發生突發性心肌梗塞，陷入昏迷。後來請了美國羅契斯特大學的余南庚教授飛台會診，住到榮總六病房，用了新藥，才轉危為安。老總統在榮總住了一陣子，1974 年 11 月搬回士林官邸時，將所有醫療設備都拆下帶回，官邸幾乎成了一座小型的榮民總醫院。

　　蔣夫人在次年 3 月，請了美國胸腔專家來為老先生診治。他認為老先生的病情沒有起色，是肺積水的關係。建議進行肺臟穿刺手術，抽除積水，心臟病才可以好起來。當年，老先生的心跳有幾次變慢的現象，我們醫療小組也膽顫心驚。穿刺手術雖然成功，但老先生卻發高燒，小便又出血，鄭不非曾為他輸血。之後心臟警訊頻傳，我們醫療小組成員常要連夜趕回官邸。

　　1975 年 4 月 5 日，大約是晚上十一點多，老總統心跳停止，天空也下起大雨。我們雖然進行急救，還

是無效。老總統過世時，嘴巴張開闔不攏，孔二小姐要我們想想辦法。她對我說：「王醫師，你送總統到懷遠堂，還要讓他的嘴巴合起來。」

當時只有注射福馬林能解決。我施打福馬林之前，先開始放血，接著再把總統的嘴巴往上提，正常合起來後，再注射福馬林。他身體硬得像石頭一樣，面形則完全正常。我前後花了兩個小時，一切處理就緒後，天也亮了，才拖著疲憊的身子回家。

老總統過世後，我們醫療小組的任務也解除了。蔣經國為了表達心意，寫給醫療小組每人一封感謝信。蔣夫人也代表政府，頒給我一枚三等景星勳章作紀念。

（編按：在陽明醫學院成立之前，榮總後山的「軍艦岩」知道的人還不多，而且只有一條雜草叢生的隱蔽小徑可以爬上去，但山頂上的風景非常好。我因為從小就常跟著老爸到榮總玩，所以對那裏的地形十分熟悉。

1972 年，我高二，認識了一位崇光女中高一的女生。

暑假裡某個周末下午，我把她約出來去爬軍艦岩。我們剛從那隱蔽的小徑爬到稍微空曠一點的地方，路旁的樹叢裡就冒出來一個身配手槍的便衣漢子，問我們是來幹甚麼的？

我說只是來爬爬山而已。他揮揮手，說：「你們趕快下去，這山現在不能爬了。」我雖然莫名其妙，但看他一臉嚴肅，右手又一直放在槍柄上，也不敢多問，就帶著那女孩從原路下山了，乘興而來，敗興而歸。後來我看到老爸三天兩頭的加班，才猜到那是因為老蔣總統住在榮總的緣故，四周山頭都有便衣人員站崗，閒雜人等一律不可靠近。

還有一次，我在家裡打電話給那女孩，正聊得高興，突然插進來一個男人的聲音，要我把電話掛掉，也沒說為什麼。我剛掛上，電話鈴馬上響起，老爸一接，就一臉凝重地整裝出門了。我才知道原來家裡的電話也是隨時都有人監聽的，以後只敢跑到外面用公共電話打給女生了。）

1975年5月，蔣夫人於士林官邸為作者授勳時所拍攝。

蔣家三代及政要之醫療

當年，蔣夫人宋美齡乳房和膽囊動手術時，都由我上麻醉。後來蔣經國攝護腺和眼睛的手術，以及蔣孝文、孝武、孝章小時候開扁桃腺，也都是我為他們上麻醉。因此蔣家三代的醫療手術，可以說都是我幫忙麻醉。孔二小姐開刀，也是我為她麻醉，她總是客客氣氣的。

由於這些因緣，有些場合，我碰到經國先生，他老遠看到我，總是特地過來致意，讓人感到很親切。

後來蔣夫人為了照顧貧困及眷區的先天性小兒麻痺患者，委請張先林主任負責成立振興復健中心（今振興醫院）。醫院創立時，我負責協助成立麻醉部門。那時振興的病人不太多，我前往支援了好幾年，還受聘為董事。因此，在一些大型的會議中，蔣夫人總要介紹我一下，說：「他是 Dr.Wang，是我的麻醉醫生。」我退休後，振興醫院還聘我當顧問。

此外，孫運璿當經濟部長時，膽囊開刀也由我上麻醉。他送了我好些東西，我堅持不收，他很幽默的說：「我就是喜歡你。」他曾經成立了「良師益友促進會」。1994年還頒給我一張榮譽狀。

（編按：這篇也讓我想起一段往事。詳細的時間記不得了，但應該是在我退伍後，準備出國的 1981 年中，那時家母在美國的阿姨家，弟弟在台中上大學，家中只有我和老爸兩人。某天清晨，我正好夢方酣，突然被老爸輕輕搖醒，迷迷糊糊中，只聽到他說：「如果我晚上沒回來，不要找我。」然後就出門了。

我躺在床上，剛開始沒搞清楚狀況，後來愈想愈奇怪，瞬間睡意全無，趕忙跳下床追出去想問個究竟，但他早已不見蹤影了。那天我獨自在家坐立難安，哪裡都不敢去。左等右盼了一天，終於在晚上八點多鐘等到了老爸回來。

他回家後二話不說，就開了一瓶原來一直不捨得開的 XO 白蘭地，給我們兩人各倒了一杯。乾了一杯之後，才告訴我發生了甚麼事。

　　原來那天蔣經國眼睛開刀，要老爸去上麻醉。但那手術的要求是他必須把病人麻醉到「假死」的狀態，麻藥多一分，病人就可能會死，少一分，手術就可能失敗。所以老爸在身上帶了一劑劇毒的針劑，準備要是麻醉出了差錯，就自行了斷以謝國人。

　　好在手術順利成功，老爸才沒有「壯烈成仁」，鬼門關轉了一圈，回家後趕快喝幾杯烈酒壓壓驚。據我所知，那是他最後一次為蔣家的人上麻醉。）

八年抗戰中的軍醫官

　　抗戰八年，我做了五年多的戰地軍醫官。由少尉到少校，由最前方的兵站醫院，做到後方醫院及最後方的陸軍醫院。

　　軍醫在醫院地位並不高，因為大家都是「無照醫官」，互相倒是相處得十分和諧。整個醫院多半僅有院長一人是科班出身，連外科主任都很少是醫學院畢業的。正式護士學校畢業的男女護士，是軍醫院的搶手貨，比行伍醫官要吃香得多。

　　戰地幅員太大，數百萬軍隊，所需之醫護人員與現有之醫護人員數目相差甚遠。同時真正大學醫學院畢業願意進入軍醫院者並不多，在無可奈何之下，院長首先將醫院編制中的員額補滿，否則醫院不能成立。很多貪污的院長，就故意不補滿而偷報全額，院長可喫空缺而自肥。因此抗戰中很多軍醫院院長十分富有，他可騎白馬衣輕裘而不與屬下共。當然十分清廉的院長可能亦有，但僅鳳毛鱗角而已。

　　以第五戰區而論，總部在鄂北老河口，整個軍醫行政大權，全握在某個醫學院畢業校友的手中。任用各個大小軍醫院主管，清一色為其校友。院長與上峰關係很好，他可以為所欲為。傷兵太多時，亦可混水摸魚、大喫傷兵空缺。醫院報多少，無人查證，就是知道，亦視而不見。院長當然不能獨吞，大家都有好處，集體貪污，皆大歡喜。醫院員工，包括軍醫在內，多常在半飢餓狀態，卻無人過問。

　　抗戰中，醫院有一口號：「以院為家。」其實僅院長才是真的以院為家。軍醫署發下來的藥品，常都先運到院長官邸。院長過目後，先留下他要用的藥品。抗戰中最名貴的藥品如磺胺類，當然為院長所有。

　　因為醫院多在山區鄉鎮，離中央政府很遠。國家正在危急存亡之際，根本顧不到查詢醫院所作所為。院長只要直接與上峰打通關節，就可以高枕無憂，睡著覺亦可發財。此五十多年前的舊事，早就想找機會一吐為快。那批抗戰富翁，多早已逝世，富貴煙雲，早已隨風而逝，後人應視為前車之鑑，應多警惕。

　　現在回頭再說我們這批混軍醫飯的醫官。那時醫院有一順口溜：「窮書記，富軍需，不三不四做軍醫」，

做軍醫多半是混日子。那時在軍隊中，若帶兵官家鄉來人要在軍中找事做，首先就補軍醫缺，做做軍醫再說。有的連字都不識幾個，如何會看病？整天無所事事，混幾元薪水而已。

在外科室工作的軍醫，主要的工作是替傷兵換藥裹傷。外科換藥、用藥僅有三種，紅藥水（簡稱二二〇）、碘酒、及漂白粉泡的水。換藥時從袋中將兩根鑷子拿出，傷口塗上紅藥水，然後貼上紗布，包起來就完事。有大傷口時，用漂白水泡的紗布條，將傷口填滿，再用紗布蓋上，包起來即可。

醫官被別人看不起，但傷兵卻視為神聖。因為他們若想換藥時減少疼痛，非對醫官客氣不可。院中傷兵鬧事時，只聽醫官的話，只有醫官才能息事寧人。其實傷兵要的並不多，喫飯、換藥、發薪餉而已。若這三件事，醫院可順利做到，則天下太平矣。傷兵鬧事打架，中間亦有黑道幫派混入，相當可怕。抗戰中民間有十大害之說，傷兵管理不好，亦為十害之一。

內科方面，看病亦十分簡單。內科軍醫口袋裡有藥局已包好的兩種藥，一種是阿司匹林，一種是托氏散。亦有一套醫療順口溜：「阿司匹林，托氏散，又治咳嗽又治喘。」這種發明，近乎通神。軍醫早上到病

房，內科病人都來要藥。每人一包，有病治病，無病補身；昨天喫阿司匹林，今天喫托氏散。你不發給藥，傷兵就會鬧事。這是愚人治病，笨人服藥，事實如此，卻亦奈何不得。

中國單獨抗戰四年，日軍瘋狂轟炸珍珠港以後，中國開始有美援。林可勝博士所領導的中國紅十字會附屬醫療隊，對抗戰中之軍醫院，發生良好的改進作用，使外科內科作業，漸漸走上正軌。

外科換藥器械，開始有消毒設備，內科亦開始用聽診器。國家雖然窮困，人民雖然無知，但若有人指導，一切進步仍十分神速。惜紅十字會醫療隊為數不多，若醫院幸運，能有醫療隊配合，則醫療水準大可提升。林可勝博士在抗戰中，對全國軍醫院之供獻，實為一大功臣。

抗戰中的軍醫，可分為兩種。一種是少壯派，那些來自難民中的流亡學生，迷失在軍醫院中，總想找個出路。並不是每個軍醫都在混日子，但他們的學習環境，實在可憐。全醫院僅院長有一本「寶典」，叫《軍醫必攜》。厚厚的一本，包羅萬象，由軍中衛生勤務、外科、內科、到擔架操練都在其中。

　　院中軍醫有三十多人，很難輪到閱讀。想進修的年青軍醫，苦無門路，又無書藉，十分無奈。另一派軍醫，是年紀較大，攜家帶眷，終日惶惶，為如何養數口之家而發愁。不願讀書，能混下去就好，希望抗戰早日勝利，回家從頭做起。

　　少壯派年青軍醫，雖工作努力，有志上進，但唯一的希望，就是有機會可被派去受短期訓練，求得一些似懂非懂的醫護知識。當時林可勝博士見軍中醫療品質急待提高，他代軍政部辦理戰時衛生人員訓練所，共有四所，第一分所在漢中堡城，訓練期間為三個月。並有一部林博士等人集體編著之《戰地醫療應用手冊》，共分六冊。其中戰地衛生勤務由林先生自己編寫，外科由張先林博士編寫，護理由周美玉科長編寫，是在戰時唯一最新的一部書。這部書目標用在戰地，所以十分簡要，分條詳述，對症處理，十分適用。另一部書是一分所萬福恩博士所編的《萬氏外科學》，共有五冊，惜出版後，洛陽紙貴，不易購得。

　　醫院若有紅十字會醫療隊一齊工作，情況就大不相同。但有的軍醫院並不希望紅十字會醫療隊來院工作，因醫院開銷會增加。如開刀材料消毒，要用大量木炭，醫師洗手，要用肥皂，皮膚消毒，要用酒精等。所以與紅十字會工作人員，有時亦難免發生一些不愉

快之爭論。

戰爭時，軍中麻醉，亦是一個大問題。軍醫中是沒人會上麻醉。紅十字會醫療隊中，有醫師懂得麻醉，但亦僅是應用乙醚點滴法而已。我自己因為奉令管理手術室，配合紅十字會醫師手術，有一位英國醫師，常指導我上全身麻醉。軍中無大將，廖化做先鋒，多少年以前，我已是麻醉先鋒了。

那時軍中亦有鹵仿（Chloroform）麻醉劑可用，其優點是不燃燒、不爆炸、用量少、易運輸，但毒性太大。曾見有兩病例因上鹵仿麻醉而死亡，殊為不幸。所以後仍改用乙醚（Ether）麻醉，比較安全。

抗戰勝利後民國 37 年，我在上海總醫院當住院醫師。那時正好美國援助麻醉劑戊硫代巴妥鈉（Pentothal Sodium），在上海總醫院試用。因當時並不知道該劑無止痛作用，僅有安眠作用，所以手術中，該劑常用過量，手術後常因呼吸停止而致不幸事件發生。該劑在歐洲戰場上，美軍戰地醫院亦因用此劑而常有麻醉死亡病例發生。

抗戰中之軍醫，在八年戰亂中，對傷患之醫療，任勞任怨，亦曾極盡心力。醫院至少做到盡量收容及

轉運傷患之功效。戰爭突然爆發，國家無時間做充分
的準備，這亦是事實。能有這批軍醫，維持軍中醫療
工作的正常進行，因能力有限，雖非盡善盡美，但已
盡力而為，其功勞亦應被肯定。

作者少校時戎裝照，於榮總退休時官階上校。

退休述懷

朝看日出晚斜陽，
留得餘年再讀書。　　（佚名）

　　忙的人常說「偷得浮生半日閒」，有個休息的機會，好像十分難求。我現在是光明正大的日日閒。民國八十四年七月，正式離開麻醉臨床工作，迄今已近一年，可真是徹頭徹尾，真正休息。飽食終日，無所用心，日子過得十分輕鬆。

　　有人說休息是為走更長的路，亦有人說因為走了太長的路，所以要休息。我大概就是後者。從民國四十年投身麻醉工作，在麻醉圈子中，打混了四十五年，確實不是一段短日子。但突然離開麻醉工作，麻醉又是我的最愛，真是臨別依依，不勝感慨，十分難捨。每次經過手術室門前時，仍想進去摸摸那些麻醉機，聞聞麻醉劑的味道。所以退休的前幾個月，我就盡量少去醫院，使這種麻醉機之戀的感覺，漸漸消沉下去。

　　過去在美進修時，常聽說某某醫界權威泰斗，一旦退休，在失去原有權力職位後，對現實社會功利冷酷的環境格外顯得無法融洽，而發生精神不正常的病例，可能並非虛傳。對剛從工作崗位上退休的老人們，必須要有退休不是人生的終結，而是另一階段開始的心理調適，才能享受到美好的晚年生活。

　　社會中老人族群遂漸增加，台灣已進入高齡化的社會。因老人不再生產，當然會增加社會及各個家庭的負擔，若老人退休金不足付生活需要，加上子女不孝，老境堪憐。

　　其實老人並非因年齡的增長而老化，自我理想的喪失，才是使人老朽的根本原因。當老人對家庭社會國家完成了奉獻，抖著一身歲月的塵土站起來，就任由生命的夕陽西下，而漸漸沉落，是十分淒慘。老人應該自覺，永遠保持純真童心，對新知的追求心，對社會的參與心。

　　當年推動搖籃的手，雖已衰老，以前曾被我們呵護備至的子女雖然都已長大，假若我們仍有餘力，仍可以帶著小孫子公園散步、飯店小吃、一同看看電視卡通，含飴弄孫其樂無窮。很多快樂，要自已去安排。

　　台灣有句諺語，「吃水果要拜樹頭」，告訴人們凡事應謝恩。年近八旬，頑軀頗健，膺此天祿，感恩之心，油然而生。我感謝父母養育之恩，家雖貧困，但留給我一個健康的身體，終身受用不盡；感謝國家栽培之恩，雖戰亂年年，烽火處處，我仍有機會獲得良好的教育；感謝師長教誨之恩、朋友相助之恩、同事和諧相處之恩、四十多年工作順利之恩、夫妻白頭相愛之恩。我覺得天下最幸運之人，非我莫屬。

　　我十七歲被日寇所迫，少小離家，六十多年間，歷經千山與萬水，蕩過長亭與短亭。數十年的巔沛流離，坎坷磨練的奮鬥歷程中，沒有被抗戰洪流所淹沒，沒有被滾滾紅塵中貪婪污邪所污染，不忮不求，是我一生行為的規範。待人溫和、處世敦厚，是一生處世的態度。

　　平生常記蘇東坡水調歌頭中的名句：「不應有恨，何事長向別時圓？人有悲歡離合，月有陰晴圓缺，此事古難全。」告示人們世間無十全十美之事。有容乃大，無欲則剛，和平為處世之本。「和」之一字，百祥之本，「爭」之一字，百殃之根。去心之爭，養心之和，則天下太平矣。以上為個人愚見，對現代之「新新人類」，可能視如破履。

　　最近看電視，其中有一句話值得記下來，他說「雖然你富可敵國，萬貫家產，但你買不到太陽不下山。」此一警句，不知會不會給人們一些警惕。

　　有關養生之道，我也有一些淺見，雖然是老生常談，但確有其真理存在。首先要禁煙、拒酒，煙傷肺、酒損肝，為什麼我們自己要故意傷害自己？多運動，少吃飯，適度的運動，節制飲食．不要使體重太胖，對心臟不利。最後一點最重要，開放胸襟，笑口常開，沒有什麼事過不去的。活就要活得健康，老兄！快樂要自己去找的呀！

　　行筆至此，好像能寫的事情都已寫了。一生匆匆走過，終站在望。蒙天所賜，頑軀健康如昔，夫復何求？錄杜甫詩一首，作為結尾：

　　　二月已破三月來，
　　　漸老逢春能幾回。
　　　莫思身外無窮事，
　　　且盡生前有限盃。

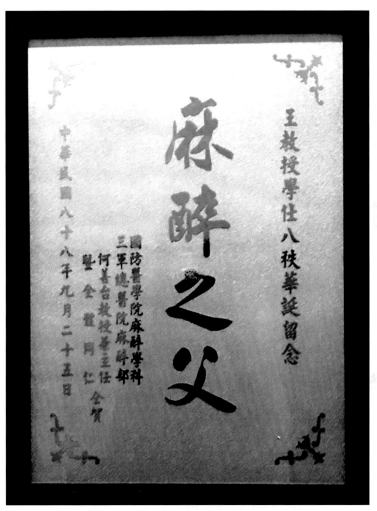

王教授學佺八秩華誕留念

麻醉之父

中華民國八十八年九月二十五日

國防醫學院之麻醉學科
三軍總醫院麻醉部
何善台教授兼主任
暨全體同仁　全賀

作者是台灣第一位專業麻醉醫師，筆路藍縷，以啟
山林，一生作育麻醉英才無數，素有「台灣麻醉之
父」的美譽。八十歲生日時，學生們為他打造的金
字紀念牌。

後　記

　　第一次讀《回首來時路》，七十多年前，那段顛沛流離時代故事，在父親生動的文筆下，霎時就把我帶回了那個炮聲隆隆的場景。十七歲的農村青年，孑然一身在兵荒馬亂之中逃離家鄉到了洛陽；為了能夠度過大雪將至的嚴冬，加入了國軍戰地醫療團；爸爸就這樣誤打誤撞的開啟了這輩子的行醫生涯。那個朝不保夕的艱苦年代裡，生存的現實是如此的無情，生命的選擇往往又是那麼的偶然且荒謬。

　　初讀此書，只覺得父親一生的成就，固然是他個人努力奮鬥的結果，但感覺上更多的可能是冥冥之中命運的安排。父喪之後，我已接近耳順之年，更多的人生經歷，讓我再讀《回首來時路》時有了完全不同的體會！爸爸那條從「湯陰流亡學生」到「臺灣麻醉之父」蜿蜒曲折的道路，絕對不是偶然和巧合，而是一個拒絕向平凡妥協靈魂的長年奮鬥史。

　　在逃難火車頂上的邂逅，父親婉拒了魏家姐妹的

邀約，放棄了看似安全的武漢，選擇了一條不可知的未來；在湖北均縣，父親回絕加入何氏父女醫院垂手可得的幸福，而選擇去艱難的安順求學；在臺灣，父親放棄了當時一般人趨之若鶩的外科，選擇了冷僻的麻醉；在美國，離開紐約哥大前往天寒地凍的威斯康辛大學，只為了不甘平凡；學成之後，不戀棧美國優渥的生活條件回到臺灣在麻醉領域「拓荒」……幾十年來，父親每次在遇到選擇時，總是挑選了那條看似艱難的路！

前一陣子看到曾任雅虎執行長梅麗莎·梅爾（Marissa Ann Mayer）說過的一段話「每次需要二選一時，選更有挑戰的那條路，因為就算失敗了，也能確保學到新東西」，父親用他一生毫無僥倖的成功，替 Marissa 這句話做了最好的詮釋。

出社會開始工作以後，父親雖然沒有叫我選那條難走的路，可是卻常常告誡我，不管我做的是什麼職業，永遠想著 "to be somebody"。這句話從我離開學校以後，無論在哪個工作崗位上，始終伴隨著我。此番再讀回首來時路，忽然感覺這句話可能也是他內心深處不成文的座右銘。在逃難的日子裡，他不放棄任何可能的學習機會，每到一間教堂，就和當地的外籍神父學習英文。步行千里從均縣到重慶，只為成為一

個正式的軍醫。來到臺灣後，「像一個苦行僧似的，整日埋頭在臨床麻醉及麻醉圖書之中，想早日從一陌生行業中摸出一條出路」（〈那段披星戴月的日子〉）。有人說，成功不是一種選擇（choice），而是一種「決心」（commitment）。從朝不保夕的逃難日子，到學成回國，每一個階段，我都清楚的看到父親那個 "to be somebody"，不甘平凡的決心！

　　前幾天無意間和兒子聊到他未來的事業生涯規劃，對一個剛從大學畢業才拿到這輩子第一份正式工作的大男孩來說，這個嚴肅的話題對他而言似乎稍微早了一點。父親八十年前在兵荒馬亂裡奮鬥成功的故事，對九〇後的孩子也不知道能產生多少共鳴。我看著他稚氣未脫的臉龐，年輕的眼睛裡流露出對未來的期待和渴望，緩緩的告訴他，"choose the harder one and to be somebody"！在對話的那一刻，我彷彿看到了那個十七歲逃難離家的農村青年，在遠方對我微笑……。

王立新 2018.08